高职高专院校公共基础系列教材
适用于高等卫生职业教育各专业

礼仪与沟通

梁　洁　主编

科　学　出　版　社
北　京

内 容 简 介

本书从仪容、服饰、仪态、沟通、日常交往、求职、社交等方面介绍了礼仪与沟通的相关知识和运用技巧。本书根据高等卫生职业教育各专业学生对礼仪与沟通的学习需要，设计内容和编排结构，紧贴岗位需求，配套相关的图示，以帮助学生更好地理解书中内容，同时每章章首明示学习目标，章尾有本章小结，以强化学生对知识和技能的掌握。

本书可作为高等卫生职业教育各专业教学用书，也可供在职卫生技术人员学习参考。

图书在版编目(CIP)数据

礼仪与沟通/梁洁主编. —北京：科学出版社，2020.9

（高职高专院校公共基础系列教材·适用于高等卫生职业教育各专业）

ISBN 978-7-03-065919-4

Ⅰ. ①礼… Ⅱ. ①梁… Ⅲ. ①礼仪-高等职业教育-教材 ②心理交往-高等职业教育-教材 Ⅳ. ①K891.26 ②C912.11

中国版本图书馆CIP数据核字（2020）第161721号

责任编辑：吕燕新 李 莎 / 责任校对：赵丽杰

责任印制：吕春珉 / 封面设计：东方人华平面设计部

科 学 出 版 社出版

北京东黄城根北街16号

邮政编码：100717

http://www.sciencep.com

三河市中晟雅豪印务有限公司印刷

科学出版社发行 各地新华书店经销

*

2020年9月第 一 版 开本：787×1092 1/16

2022年8月第六次印刷 印张：9 1/4

字数：211 000

定价：29.00元

（如有印装质量问题，我社负责调换〈中晟雅豪〉）

销售部电话 010-62136230 编辑部电话 010-62138978-2046

本书编委会

主　编　梁　洁

副主编　张文馨　程　晓　魏红燕　罗少珍

编　委

王嘉盈　（肇庆医学高等专科学校）

李尚贞　（广东茂名健康职业学院）

张文馨　（肇庆医学高等专科学校）

林　娜　（中共茂名市委党校）

罗少珍　（广东工商职业技术大学）

周凯燕　（肇庆医学高等专科学校）

官　鹏　（肇庆医学高等专科学校）

徐　微　（河源职业技术学院）

凌宇欣　（肇庆医学高等专科学校）

梁　洁　（肇庆医学高等专科学校）

程　晓　（肇庆医学高等专科学校）

黎　莹　（惠州工程职业学院）

魏红燕　（肇庆医学高等专科学校）

前　言

本书根据高等卫生职业教育各专业学生礼仪与沟通学习的需要，以思想性、科学性、启发性、先进性、实用性为原则构建教材框架结构和内容体系，在吸收和借鉴传统教材编写模式的基础上，力求有所突破、有所创新、形成特色；按照教育信息化的要求切实推动以纸质教材为核心载体的立体化教材建设。

本书共有 10 章，主要介绍礼仪与沟通的基础知识。综合考虑医务岗位的需求，本书重点讲述的内容与医务岗位紧密相关，如第 2 章仪容礼仪、第 3 章服饰礼仪、第 4 章仪态礼仪、第 5 章沟通礼仪和第 10 章涉外医务礼仪；同时考虑到大学生涉世面窄、礼仪与沟通知识匮乏的特点，在章节中安排了日常交往常识等基础知识，如第 6 章日常交往礼仪、第 7 章校园礼仪、第 9 章社交礼仪；为了适应当前大学毕业生就业应聘面试的需要，还专门安排了第 8 章求职礼仪。

本书突出高等职业教育的特点，在编写体例与内容上大胆创新，主要表现在以下三个方面。

1．突出阅读的生动性

本书运用了大量的案例、图片等素材，使内容更加生动、美观，避免了传统教材枯燥理论的说教模式，便于教师讲授和学生学习。

2．突出内容的实用性

本书内容紧密联系当前礼仪与沟通发展的新形势，在编写上注重理论与实践的结合，有利于让学生主动参与课堂教学，增强课堂互动性。

3．实现礼仪与沟通的有效结合

通过各章节对礼仪与沟通交叉融合式的描述，改变了以往把礼仪与沟通独立成书的教材编写模式，使学生更容易掌握礼仪与沟通的关系。

本书编写分工如下：第 1 章由梁洁编写，第 2 章由凌宇欣编写，第 3 章由张文馨编写，第 4 章由王嘉盈编写，第 5 章由官鹏编写，第 6 章由程晓编写，第 7 章、第 8 章由周凯燕编写，第 9 章、第 10 章由魏红燕编写。本书的线上课程及配套资源制作由罗少珍、林娜、黎莹、徐微、李尚贞后期制作完成。

在此谨向各位作者及其所在单位领导的支持和帮助表示感谢！

由于编者经验和水平有限，书中难免存在不足之处，希望广大读者批评指正，以便修订时完善。

梁　洁

2020 年 3 月

目　录

第1章 绪论

学习目标

1. 了解学习礼仪与沟通的主要途径。
2. 熟悉礼仪的由来、特性与原则。
3. 掌握礼仪与沟通的关系。

礼仪是人们在沟通思想、联络感情、增进了解过程中的一种行为规范，是现代交际中不可缺少的润滑剂。荀子曰：“人无礼则不生，事无礼则不成，国家无礼则不宁。”对个人来说，礼仪是其思想道德水平、文化修养和交际能力的外在表现；对社会来说，礼仪是一个国家社会文明程度、道德风尚和生活习惯的反映。

随着社会的变革，现代医院要求医务人员不仅要具备过硬的业务技能，还需要拥有良好的礼仪素养。在很多情况下，医务人员个人形象是和医院服务水平息息相关的。

医务礼仪，是塑造医务人员个人形象的灵魂，它已经成为提高个人素质与医院形象的必要条件，对我国的医疗事业发展有着重要影响。

1.1 礼仪概述

“礼仪”一词由法语“etiquette”演变而来，原是在法庭上使用的一种通行证，上面记载着进入法庭应遵守的事项，后来逐渐演变为一种道德行为规范，它在一定程度上反映一个人的文化、修养和气质。因此，凡是追求文明的国家和民族，无不注重礼仪教育，把遵守礼仪规范作为国民必须具备的素质。

1.1.1　礼仪的由来

我国素有“礼仪之邦”的美誉，礼仪文化源远流长。《说文解字》中对“礼”的解释为“履也，所以事神致福也”，表示对神的尊敬。孔子主张“为国以礼”“克己复礼”，将“礼”提到用以治国安邦、安身立命的高度，并积极倡导人们“约之以礼”，做文质彬彬的君子。孟子将仁、义、礼、智视为基本道德规范，认为辞让之心和恭敬之心是礼的发端和核心。荀子则强调“礼者，人道之极也”，把礼看成做人、做事和治国成功的根本。

在西方，人们对文雅的仪风和悦人的仪态一直孜孜以求。在古希腊和古罗马的诗歌中、在荷马的史诗《奥德赛》中、在中世纪斯堪的纳维亚的古老传说中，对其都有较为详尽的记载。例如，冰岛史诗《埃达》中详尽地叙述了当时用餐的规矩，举杯祝酒极为讲究，古罗马的年轻诗人奥维德也曾告诫自己的同龄人，用餐不可狼吞虎咽，也不可贪杯；16 世纪，意大利作家加斯梯良的《朝臣》不仅是一部文学经典著作，也是当时最著名的关于礼仪的著作；1716 年，缅南杰斯的著作《论接待权贵和女士的礼仪，兼论女士如何对男性保持雍容态度》也是一例；苏格拉底、柏拉图、亚里士多德等也曾在著作中阐述礼仪。礼仪有“人际交往的通行证”之称，各国都有自己的国家礼制，各民族有独特的礼仪习俗，国际上也有各国共同遵守的礼仪惯例。

1.1.2　礼貌、礼节与礼仪

对礼仪的理解，还应注意其与礼貌和礼节的区分。在大多数情况下，它们是被视为一体的，可混合使用。从本质上讲，三者所表现的都是待人尊敬、友好。从内涵上看，三者不可简单地混为一谈，它们之间既有区别，又有联系。

1．礼貌

礼貌一般是指在人际交往中，通过言语、动作向交往对象表示谦虚和恭敬。它体现时代的风尚与道德水准，体现人们的文化层次和文明程度。礼貌是一个人的品质与素养在待人接物时的外在表现，它主要通过礼貌语言和礼貌行为表现对他人的谦虚恭敬。在日常工作与生活中，礼貌表现在人的举止、仪表、语言上，表现在服务的规范、程序上，表现在对交往对象的态度上。一个微笑、一个鞠躬、一声问候，都是礼貌的具体表现。良好的教养和良好的道德品质是礼貌的基础。

2．礼节

礼节是礼貌的具体表现方式，是人们在交际场合相互表示尊重、问候、致意、祝愿等的惯用形式，是社会文明（行为文明）的组成部分。礼节与礼貌之间的关系：没有礼节，就无所谓礼貌；有了礼貌，就必然伴有具体的礼节。从形式上看，礼节具有严格规定的行为规范；从内容上看，它反映着某种道德原则，反映着对他人的尊重和友善。《不列颠百科全书》中提到：礼节是“规定社会行为和职业行为的习俗和准则的体系。任何社会单位，都有由法规维持和实施的公认的行为准则。也都有为习惯和社会压力所强迫实行的行为规范。对违反礼节的人，不作正式的审讯或判决，但要受群体中其他成员的责难。不论社会的物质文化水平如何，任何一个有高度层次结构的社会，都有它的礼节。根据这种礼节，每个人都知道应该怎样对待别人，也知道别人会怎样对待自己。”礼节虽然不同于法律，但它是人与人之间约定俗成的“法”，是在社会交往中必须遵守的表示礼仪的一种惯用形式。

3．礼仪

礼仪是指在人际交往中，自始至终地以一定的、约定俗成的程序和方式来表现律己和敬人的完整行为。显而易见，礼貌是礼仪的基础，礼节是礼仪的基本组成部分。换言之，礼仪在层次上要高于礼貌和礼节，其内涵更深、更广。实际上，礼仪是由一系列具体表现礼貌的礼节所构成的。它不像礼节一样只是一种做法，而是一个表示礼貌的系统、完整的过程。

1.1.3 礼仪与道德

为维护一个团体和一个社会的有序性，人们需要受到法律与道德的双重约束，而礼仪属于道德范畴。法律是由国家制定，反映统治阶级意志，依靠国家强制力保证实施的社会规范，带有强制性。法律所要解决的是合法与违法、罪与非罪的问题，违反了法律规定，就要受到国家权力机关的制裁。礼仪与道德则不同，它不是国家强力推行的，而是靠教育、社会舆论和内心的信念促使人们自觉遵守的。礼仪与道德给人们提供行为的标准和方向，是评价行为的善与恶、正当与不正当、光荣与耻辱的尺度。礼仪与道德解决的是是与非的问题，违反了礼仪与道德，除了会给社会交往和人际关系造成障碍，还会受到社会舆论的谴责。

1.2 礼仪的特性与原则

1.2.1 礼仪的特性

与其他学科相比，礼仪具有以下几方面的特性。

1．规范性

礼仪的形成，是对人们在社会交往实践中所形成的一定礼仪关系的概括和反映。也就是说，礼仪是人们在长期反复的生活实践中形成，并通过某种风俗、习惯和传统固定下来，约束和控制着人们的交往行为。礼仪的规范性，不仅约束着人们在一切交际场合的言谈举止，使其合乎礼仪，而且是在交际场合必须采用的一种“通用语言”，是衡量他人、判断自己是否自律和敬人的一种尺度。规范性是礼仪最基本的特征。

2．多样性

礼仪与每个人都密切相关，它涉及不同的生活、学习和工作领域。古今中外，从个人到国家，礼仪无时不在、无处不在。凡是有人类生活的地方，就存在着各种各样的礼仪规范。远古时期，人类为了生存要祭神以求保护，这种礼仪形式至今在一些偏僻地区

依然存在，是人类一种美好愿望的寄托，尽管有封建迷信的色彩，但仍作为一种礼仪而存在。现代社交礼仪的内容已渗透到社会的方方面面，从政治、经济、文化领域到人们的日常生活，礼仪活动普遍存在。大到一个国家的国庆庆典，小到一个企业的开张致喜，再到日常生活中的接待、见面谈话、宴请等，均需要讲究礼仪规范，遵守一定的礼仪行为准则。

3．传承性

礼仪是一个国家和民族传统文化的重要组成部分，任何国家的礼仪都具有自己鲜明的民族特色，任何国家的当代礼仪都是在本国既往礼仪的基础上继承和发展起来的。离开了对本国和本民族既往礼仪成果的传承和扬弃，就不可能形成当代礼仪。某些过去时代的礼仪如果与新时代的道德并无冲突，也能被新时代的人们所接受，就会被纳入当代礼仪。但是礼仪是约定俗成的，不是国家权力机关制定的，不是靠强力实施的，只能是随着观念的改变而逐步改变，因此在一些偏远地区某些封建民俗礼仪仍然存在。

4．变动性

礼仪不是一成不变的，它随着社会的发展而不断发展更新。任何国家和民族的礼仪，都体现着时代要求和时代精神。礼仪是一种社会历史发展的产物，并具有鲜明的时代特点。一方面，它是在人类长期的交际活动实践中形成、发展和完善起来的，不能完全脱离特定的历史背景；另一方面，社会的发展、历史的进步，带来众多社交活动的新特点，又要求礼仪有所变化和发展，以适应时代发展的需要。

5．综合性

礼仪具有综合性，通观古今中外礼仪，礼仪与社会制度、社会物质文明和精神文明程度等都有着密切关系。文化越发达、文明程度越高的社会，礼仪的文明程度也就越高，人们也就越重视和讲究礼仪。礼仪是一门研究交际行为规范的学科，但它与其他多门学科关系密切，尤其与民俗学、传播学、美学、伦理学、心理学、社会学和公共关系学相互交叉和渗透。因此，礼仪具有综合性。

6．差异性

在不同性别、不同年龄、不同民族、不同身份、不同历史时期、不同场合等情况下，礼仪有所不同。人们常说“百里不同风，千里不同俗”，不同的文化背景产生不同的礼仪文化，不同的地域文化决定着礼仪的内容和形式。我国疆土辽阔，是一个多民族的大家庭，不同的民族，其风俗习惯和礼仪文化各有千秋。例如，见面问候致意的形式有脱帽点头致意的，有拥抱的，有双手合十的，有手抚胸口的，有口碰脸颊的，更多的还是握手致意。这些礼仪形式的差异均是由不同民族风俗文化决定的，具有约定俗成的影响力。不同国家之间礼仪的差异则更为突出。

1.2.2 礼仪的原则

要正确地运用礼仪，首先要明确礼仪的原则。礼仪的原则主要有以下几个方面。

1．敬人原则

“礼者，敬人也。”敬人原则是礼仪的“尊敬他人”这一核心思想的体现。运用礼仪是对他人友好和尊敬的体现，也为自己赢得交际成功开具了通行证。“爱人者人恒爱之，敬人者人恒敬之”“人敬我一尺，我敬人一丈”，礼仪就是借助这样的机制得以生生不息的。敬人原则就是要求在交际活动中，与交往对象既要互谦互让、互尊互敬、友好相待、和睦共处，更要将交往对象的重视、恭敬和友好放在第一位。当然，礼待他人也是一种自重，不应以伪善取悦于人，更不可富贵骄人。此外，还要做到入乡随俗，尊重他人的喜好与禁忌。

2．遵守原则

礼仪是社会交往中的行为规范和准则，因此人们必须自觉、自愿地遵守礼仪，以礼仪规范指导和约束自己的言谈举止。任何人，不论年龄长幼、身份高低，都有自觉遵守和应用礼仪的义务；否则，会遭到公众的指责和疏远，其交际就难以成功。

3．自律原则

礼尚往来强调了礼仪的互动性，礼仪的规范性也体现了对交往双方的要求。礼仪的自律性原则重点强调了交往个体要自我要求、自我约束、自我控制、自我对照、自我反省和自我检点。在人际交往中，行动上不要出格，仪态上不要失态，言语上不要失礼。《论语·颜渊》中强调人要自我约束，“非礼勿视，非礼勿听，非礼勿言，非礼勿动”。

4．宽容原则

宽容是一种美德，是对交往对象的人生观、价值观及个性差异等给予充分的理解和尊重。在人际交往中，人与人的思想感情可以沟通，但是由于个人经历、文化、修养等因素而产生的差异不可能消除，这就需要求同存异、相互包容。宽容原则要求在交际活动中运用礼仪时，既要严于律己，更要宽以待人。要多容忍他人、多体谅他人、多理解他人，千万不要求全责备、斤斤计较、过分苛求、咄咄逼人。

5．适度原则

适度原则要求运用礼仪时，为了保证交际的成功，必须掌握技巧，把握好分寸，做到适度得体。例如，在一般交往时，既要彬彬有礼，又不能低三下四；既要热情大方，又不能轻浮谄谀；要自尊，不要自负；要坦诚，不要粗鲁；要信人，但不要轻信；要活泼，但不能轻浮。在接待服务时，既要热情友好、谦虚谨慎、尊重客人、殷勤接待，又要自尊自爱、端庄稳重、平等公正、不卑不亢。当然，要真正做到恰到好处和恰如其分地运用礼仪，只有通过勤学多练和积极实践才能掌握。

6．平等原则

平等原则要求对待任何交往对象都必须一视同仁，给予同等程度的礼遇。不能因交往对象之间在年龄、性别、种族、文化、职业、身份、地位、财富及与自己的关系亲疏

远近等方面有所不同而区别对待。在交往中，平等表现为不要骄狂，不要我行我素，不要自以为是，不要厚此薄彼，更不要傲视一切、目中无人，不能以貌取人，或以职业、地位、权势压人，而是应该平等谦虚待人。唯有此，才能结交更多的朋友。

7．真诚原则

礼仪讲究“诚于中，形于外”（《礼记·大学》），心中有“礼”，然后言行才有“礼”。人际交往的品德因素中，真诚是最基本最重要的一项。真诚原则要求运用礼仪时，务必以诚相待、言行一致、表里如一。只有如此，在运用礼仪时所表达的对交往对象的尊敬与友好，才会更好地被对方所理解和接受。口是心非、言行不一、弄虚作假，只能蒙混一时，不利于良好人际关系的营造和个人形象及组织形象的塑造。

8．从俗原则

礼源于俗，礼与俗有密不可分的关系。《礼记·曲礼上》中指出：“入竟而问禁，入国而问俗，入门而问讳。”这是古代人交往时所遵循的一个原则，同样适用于现代社会。不同国家、不同民族的文化背景不同，礼仪习俗也不同，这就要求人们要了解并遵守这些习俗，做到入境问俗、入乡随俗，切不可自以为是、唯我独尊。尤其是在国际交往中，必须主动了解并适应礼仪的差异，为国际交流和合作奠定基础。

1.3 沟通概述

1.3.1 沟通的概念

“沟通”一词在《左传·哀公九年》中解释为“吴城邗沟，通江淮”，是指开通水道，水渠交叉，而使两水相通。在《现代汉语词典（第7版）》中沟通的意思为“使双方能通连”。在西方，沟通（communicate）源于拉丁语的“communis”，其除“沟通”之意以外，还包括通信、交流、交通、传播等。法国的亨利·法约尔认为，沟通是组织内部传递信息；美国的斯蒂芬·罗宾斯认为沟通就是意义的传递和理解。

尽管关于沟通的理解和定义不尽相同，但大多数人认可的是，沟通是信息发送者遵循一系列共同的规则，凭借一定的渠道或通道将信息发送给接收者，并寻求反馈以达到相互理解的过程。在这个过程中，人们进行观念、思想和感情等信息交流，取得彼此信任和理解，完成某种任务或达成特定的目的，或者建立良好的人际关系。有效的人际沟通就是在恰当的时候、适宜的场合，用得体的方式表达思想和情感，并能被别人正确理解和执行的过程。

1.3.2 沟通的特点

沟通的过程和要素呈现沟通的三个特点。

1．互动性

沟通要有两个或两个以上的沟通主体参加，是发送者和接收者相互作用的活动。

2. 动态性

沟通的双方是动态的，不断地受到来自他人信息的影响。

3. 社会性

沟通的社会性在于人类能够运用符号系统来沟通彼此的思想，调节各自的行为，结成有机的整体，去从事各种社会活动。

1.3.3 沟通的功能

联合国教育、科学及文化组织国际交流委员会综合了各国学者的意见，认定沟通在任何社会制度中都具有以下主要功能。

1. 获得信息

收集、储存、整理和沟通必要的新闻、数据、图片、事实、意见、评论，以便对周围环境的情况获得了解并做出反应和决定。

2. 社会化

提供信息使人们能在社会中从事活动，并增强社会联系和社会意识，积极参加公共生活。

3. 动力

促进实现当前目标和最终目标，激励人的意愿和理想，鼓励为实现共同商定的目的而进行个别活动和社会活动。

4. 辩论和讨论

促进达成一致意见或澄清不同观点。

5. 教育成长

促进个人智力的发展，培养人的品格，并使人在人生各个阶段获得各种技能和能力。

1.4 礼仪与沟通的关系

在人与人交往的过程中，礼仪与沟通必不可少，二者在某些内容及方法上的运用也极其相似，且发挥的作用相同。约翰·洛克认为，礼仪的目的与作用在于使本来的顽固变得柔顺，使人们的气质变得温和，使其敬重别人。礼仪与沟通相辅相成，贯穿于人际交往的始终。

1. 学科体系上的差异性

作为不同的学科，礼仪与沟通有各自的知识体系及内涵，有各自的区别与侧重点，同时又有着不可分割的联系。

礼仪是人类文明的开始，特别是中国礼仪可自成体系。在漫长的人类历史长河中，从许多重要的礼仪研究文献中，都可以看到古人小至修身、大到治国的种种礼仪思想。礼仪是通过实践积累和书面记载，制定了每个时代的人所要共同遵守的规则。《说文解字》的作者许慎就强调，礼仪就是讲规矩，具有不可颠覆性。

沟通在近现代才发展成为一门学科，它是一门语言技能。沟通学是狭义的人类之间的沟通学问，它运用各种能力和技巧，并以真心与对方进行包括语言、动作、思想等方面的交流，最终达到和谐共赢的目的。

2. 人际交往中的共性

从交际的角度来看，礼仪与沟通都是人际交往中适用的一种艺术和一种交际方法。

我国著名公共关系与礼仪专家金正昆教授认为，“礼仪是沟通的桥梁”。从传播的角度来看，礼仪可以说是一种在人际交往中进行相互沟通的技巧，两者都是人们在交往过程中促进情感、思想交流的重要形式。在人际交往中，有道是“礼多人不怪”，也就是说长存恭敬之心，往往更加容易进行人际沟通，妥善处理好各种人际关系。

3. 目标上的共性

如果礼仪运用恰当，就能够给人留下积极而美好的印象，赢得对方的尊重，有利于沟通目标的实现。因此人们在交往时以礼相待，有助于彼此建立友好合作的关系。不重视礼仪，必然会影响双方沟通的有效性、深刻性和交往的持久性。因此，礼仪与沟通都是增进了解、化解矛盾、深化感情的催化剂，在提升自我修养、维护身心健康、构建良好人际关系、促进社会和谐等方面都发挥着重要的作用。

1.5 学习礼仪与沟通的主要途径

1. 通过课堂理论学习，打下理论基础

通过认真学习相关课程、参加专题讲座、阅读相关书籍、浏览人文教育网站等多种形式，系统学习礼仪与沟通的基本知识、基本原理和基本技能。结合礼仪理论知识，指导礼仪实践。

2. 通过第二课堂活动，强化素养质量

通过主动参加丰富多彩的第二课堂活动，如校园礼仪大赛、礼仪情景剧比赛、礼仪演讲、礼仪志愿活动等，在实践中懂得如何与人交往，学会做人、学会处世，多角度、多层次地不断提高自身的礼仪素养与人际沟通能力。另外，在日常学习和生活中，也要注重将课堂上学习的礼仪规范和沟通原则在现实生活中来加以应用，不断提升个人的礼仪修养。

3．通过工作实践，提升礼仪与沟通水平

学习礼仪与沟通最重要的一点，是知行合一。一方面，通过课堂上积极参与案例讨论与角色扮演等活动，模拟工作场景，进行练习。另一方面，在实习过程中，用反复实践的方式，逐步提高自己的礼仪水平与人际沟通能力。

4．通过先进典型对比，实现自我成长

《论语•学而》中有“泛爱众，而亲仁”，就是强调人要广施爱心，亲近有仁德、爱心的仁人志士。在日常工作生活中，要虚心学习身边那些谦虚谨慎、彬彬有礼、善于沟通的先进典型，找出差距，积极向他们了解实践经验和心得体会，学习借鉴他们的优秀之处，在取长补短中不断完善自我。

课后练习

1．礼仪的原则有哪些？
2．礼仪和沟通有何关系？

本章小结

本章简要地介绍了礼仪的由来、礼仪的特性与原则，阐述了礼仪与沟通的概念，厘清了礼仪与沟通的关系，指明了学习礼仪与沟通的主要途径，为学习后面章节打下了理论基础。

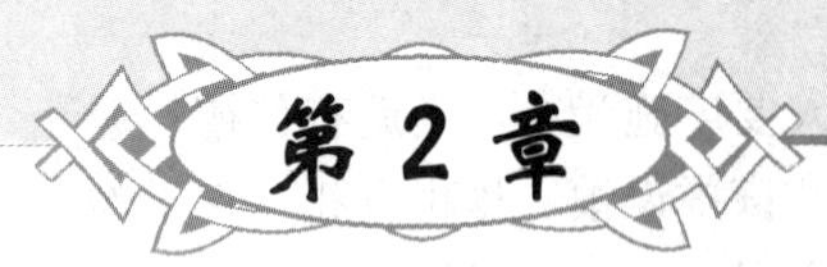

仪容礼仪

学习目标

1. 了解仪容美的含义、仪容修饰的原则。
2. 掌握仪容修饰的方法。
3. 熟悉表情礼仪的主要原则。

一直以来，人们常被告诫“以貌取人”是不可取的，但在人际交往中仪容所能表现出的意义往往远胜过语言，人们可以透过仪容看出一个人的内在修养、自我意识和品质。质于内而形于外，文化修养高、气质好的人，更要懂得如何修饰自己的仪容。得体、优雅的仪容能够激发自己自信和乐观进取的心态，去处理人生中遇到的各种矛盾、困难和问题，去面对现实。

2.1 仪容礼仪概述

人们对在短时间内接触的人或者物产生的感觉，即所谓的印象，是指接触过的客观事物在人的头脑里留下的迹象和预判。生活中人们第一次见到某个人的时候，心中总会对这个人有一个印象，实际上就是指第一印象或最初印象。

第一印象对后来获得的信息有明显的影响作用。也就是说，人们总是以对某一个人的第一印象，去理解他们后来获得的有关此人的信息。

第一印象决定了对一个人大约75%的观感，而且人们很难改变对其的最初判断。如果一个人给人良好的第一印象，即使之后的表现有不尽如人意的地方，别人仍会采取接纳、原谅的态度。但如果一个人给人的第一印象是负面观感，那接下来即使倍加用心，也很难脱离已有负面印象的影响。在人际交往中，仪容作为第一印象的首因，能给人一个模糊的整体定性。仪容和气质是可以后天培养的，所谓“三分长相，七分修炼”就充分地说明了这一点。

2.1.1 仪容美的含义

仪容，常指人的目光所及的外在形象，即外貌或容貌。在个人礼仪中，仪容是重要内容之一，礼仪对个人仪容的首要要求是仪容美。仪容美包括以下三层含义。

1）自然美，是指个人仪容的先天条件。一个人的容貌通常受遗传因素的影响。如果一个人先天拥有美好的仪容相貌，会令人赏心悦目。

2）修饰美，是指依照个人条件，经过对仪容进行规范、适当的修饰，扬长避短，在与人交往中展示出自己良好的个人形象。

3）内在美，是指通过后天的努力学习和锻炼，不断提高个人的道德水准、品格认知、文化修养、艺术素养，培养出自己高雅的气质、美好的心灵和端庄的行为举止，使自己表里如一、秀外慧中。

因此，仪容美应该是以上三个方面的高度统一，其中任何一个方面的缺失，都会影响个人的仪容美。医务人员对仪容美的要求是端庄整洁的面容外貌、简约美观的发式、善意传神的表情、恰到好处的修饰及专业的职业情操，这样才能使患者时刻感受到医务人员的专业形象之美，从而更好地配合治疗和护理，更好地恢复和促进其自身健康。

2.1.2 仪容修饰的原则

随着人们的生活逐渐富裕，对精神生活的要求也逐步提高，人们对自身良好形象的追求和渴望也日益增强。在个人形象方面，面容是个人最重要的仪容展现部分。虽然面部只占人体表面积大约 3%，但人体的其他各个部位都没有面部富有表现力和吸引力。因此，多数人希望自己拥有一张漂亮讨喜的面容。

五官精致、天生丽质的人毕竟占少数，人们可以通过化妆修饰、发式造型等手段来弥补和掩饰自己的不足，并且在视觉上展现自身的优势，衬托和强调自身优点，使个人形象得以美化。

化妆，是一门既有趣又繁复的艺术，是仪容修饰高级技术的综合运用，是指借助各种化妆工具，将化妆品按一定的化妆技法对自己进行修饰、装扮，从而使自己的容貌变得更加靓丽完美，符合当下大众审美的过程。人们通过恰到好处的修饰美化，可以更加充分地展示自己容貌的优点，弥补缺陷，使自己容光焕发，光彩照人。在日常生活中，人们不可避免地要进行各种社交活动，进行适当的化妆来修饰容颜是必不可少的。这既是自尊的表现，也是对交往对象的重视和尊重。

如果人们缺乏正确的美容知识，不知如何装扮自己，常常会弄巧成拙。为了更好地美化自己，应掌握一些美容的基本知识和一般规律，遵循当代大众审美趋势，懂得化妆的礼仪要求，掌握正确化妆技法要领。

在仪容修饰时一般应遵循以下原则。

（1）整体性原则

整体性原则要求仪容修饰要先着眼于人的整体效果，再考虑局部的修饰，促成修饰

与人自身的诸多因素协调一致，使之浑然一体，营造出整体风采。

（2）适应性原则

适应性原则要求仪容修饰与个体自身的性别、年龄、容貌、肤色、身材、体型、个性、气质及职业身份等相适宜和协调。

2.2 仪容修饰方法

2.2.1 面部修饰

面部修饰，即脸部的化妆修饰、清洁、护肤的全过程。自我了解和自我观察是面部化妆前的第一步，人们可先了解自己面部特征的优势和劣势，然后通过化妆达到渲染优点、淡化缺点，掩盖瑕疵、凸显特点的目的。

在面部化妆前，要先将面部清洁干净。由于人的新陈代谢，皮肤表面会堆积角质化的细胞，除此之外，皮脂腺及汗腺的分泌物，空气中的尘埃、细菌也会附着在皮肤的表面。在不洁净的脸上化妆，会出现许多问题，一是容易脱妆；二是会对皮肤造成损害。因此，化妆必须在洁净的面部进行。

1．面部清洁

清洁类化妆品主要包括洗面奶、清洁霜、香皂等。面部清洁要注意以下三点。

（1）水温要适合

清洁面部时，可用温水将皮肤冲洗干净，还可用冷水和热水交替冲洗。水温的差异可以刺激皮肤，有助于增强皮肤的弹性，使之更加细腻嫩滑。

（2）清洁要彻底

用洗面奶去除面部油污，然后用清水将其清洗干净。如果面部有残留的洗面奶，阳光照射后容易引起色素在面部沉淀形成黑斑。

（3）洁面动作要轻柔

清洁皮肤时，动作要轻柔，手的动作应是从里向外、由下而上轻柔地向一个方向打圈按摩，这样有助于皮肤的血液循环。

夜晚是新陈代谢、血液循环及呼吸最旺盛的时段。因此，每晚睡眠前要将面部彻底清洗干净，以免堵塞毛孔，妨碍皮肤呼吸、自我修复及新陈代谢。

每天晨起也要认真洗脸，清除皮肤分泌物。

2．护肤品

护肤品，主要是指对皮肤具有保养修复作用的化妆品。常用的护肤品可分为化妆水乳精华、柔软化妆水、润肤霜等。

1）化妆水乳精华的主要功能是补充皮肤浅表层水分，抑制缺水性的汗腺、皮脂腺分泌，调整皮肤的 pH 值，使皮肤保持健康的微酸状态。保湿化妆水乳精华一年四季皆可使用，根据自身的肤质和季节气候选用适合功效的化妆水乳精华，能够为肌肤提供保湿、滋润功效的日常护理。

2）柔软化妆水（爽肤水）是大部分中性及干性皮肤适用的化妆水，可以软化角质层，让皮肤柔软、湿润，涂抹之后，更有利于皮肤吸收养分。

3）润肤霜用以保持皮肤滋润光滑，长期使用可使皮肤柔软而有张力。

2.2.2 妆容修饰

在工作场合，医务人员应淡妆上岗，恰当的妆面可以扬长避短，体现高雅品位，提升个人魅力。医务人员妆容属于职业妆的范畴，妆面应该因人而异，既要美观靓丽、整体协调，又要自然真实、适宜得体。

1. 妆容修饰原则

（1）美观

美观旨在使人变得更加美丽，因此在化妆时要注意适度矫正、修饰得体，在大众审美原则下扬长避短。

（2）自然

通常，妆容要求美观、生动，具有亲和力、真实、自然。化妆的最高境界，是“妆成有却无”，即看不出人工美化的痕迹而宛若天成。需要注意的是，和自然融为一体才是理想的妆容修饰的结果。

（3）得法

妆容虽讲究个性化，但必须符合仪容礼仪的要求，要依“法”行事。工作时妆容宜淡，应以突出自然、接近生活为原则。外出旅行和参加体育活动应着淡妆或不化妆；正式场合如晚会、舞会等妆容可以稍浓，体现出重视感。

（4）协调

化妆强调整体效果的协调。在化妆时，应努力使妆容与场合和身份协调，以体现出自己不俗的品位，那么如何使之协调呢？一是身体各部位协调，如唇色和衣服、首饰等色彩协调。二是化妆品协调，在经济能力和时间允许的条件下，最好采用同一风格、同一品牌、同一香型等同类型的化妆品，这样可以避免过于杂乱，更可以体现出自己的品位。三是场合协调，不同的场合妆容的浓淡不同。

2. 化妆工具

《论语》中说：“工欲善其事，必先利其器。”要想成功完成一件事，首先要熟练掌握所用工具。面部化妆也应如此，应熟悉各种化妆工具及其基本使用方法。

（1）化妆刷

化妆刷是化妆的主要工具之一。化妆应使用相对应的刷子，且选用时最好选择质地柔软且不易脱毛的刷子。不同型号的刷子要多准备几支，同时应注意刷子的卫生。化妆刷种类繁多，包括粉刷、眼影刷、眉刷、腮红刷、唇刷等。

1）粉刷。以头部稍圆、毛质柔软者为佳，如图 2-1 所示。使用粉刷可使施粉均匀、自然。

2）眼影刷。为了突出眼部妆容，最好准备多把眼影刷：一把海绵头状涂抹刷子，

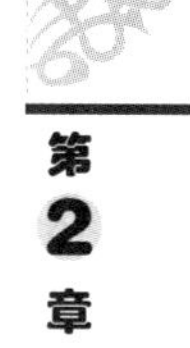

此刷前端带有柔软的海绵头，适合用来上底色、施粉状眼影；一把毛质较硬、末端呈圆形的眼影刷，适合在眼皮上涂色彩；一把柔软而扁平的色彩调和刷，适合把眼部的色彩晕染均匀，如图 2-2 所示。

3）眉刷。选购时应选用两用眉刷，即刷子两端分别为眉刷和眉梳，如图 2-3 所示。眉刷可以涂抹眉粉，眉梳可用来梳理眉毛。

图 2-1　粉刷

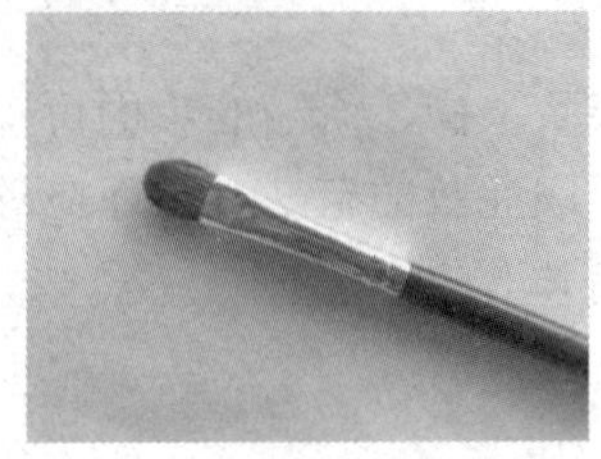

图 2-2　眼影刷

图 2-3　眉刷

4）腮红刷。腮红刷末端圆形呈拖把状，毛质富有弹性，如图 2-4 所示。腮红刷可将腮红均匀地施于面部。

5）唇刷。唇刷是涂抹唇膏最为理想的工具。毛质较硬而细密的唇刷有助于勾画唇线和均匀地涂抹唇膏，如图 2-5 所示。

（2）化妆笔

1）眉笔。眉笔形如铅笔，如图 2-6 所示。眉笔有多种颜色，眉笔与眉刷同时使用可使描画、修整眉毛的效果更好。

图 2-4　腮红刷

图 2-5　唇刷

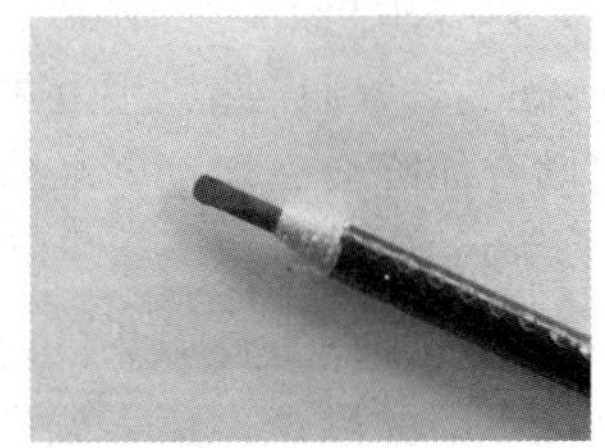

图 2-6　眉笔

2）眼线笔。眼线笔是由颜料、蜡料、油脂等原料混合加工而成，不易脱色，用来加深和突出眼部妆容效果，如图 2-7 所示。用完后立即套上笔套可保证眼线笔的卫生。

（3）化妆夹

1）睫毛夹。睫毛夹应在涂睫毛膏前使用。睫毛夹可卷曲眼睫毛，达到增添眼睛魅力的作用，如图 2-8 所示。

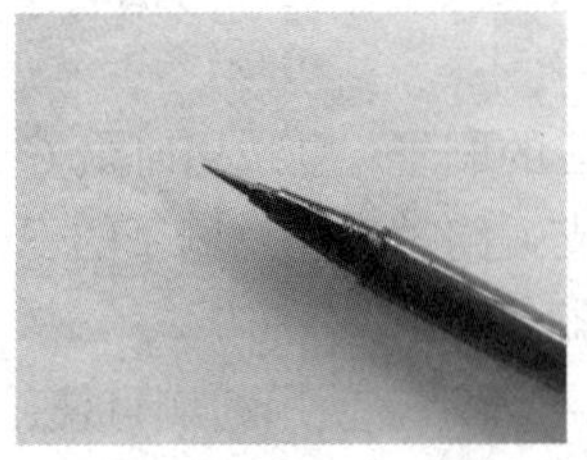

图 2-7　眼线笔

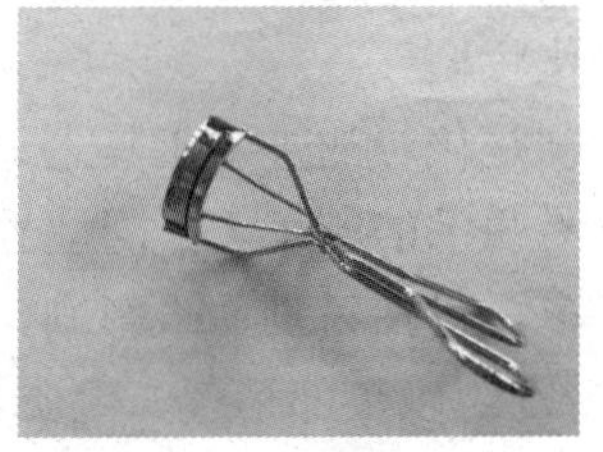

图 2-8　睫毛夹

2）眉毛夹。眉毛夹可修整杂乱的眉毛。常用的眉毛夹：平口眉毛夹适用于眉毛较浓密者，以修剪附于眉尾部位的眉毛或过长的眉毛；斜口眉毛夹夹头较细长，适用于拔除眼头部位短小的杂毛。

3．化妆用品

化妆用品具有修饰面容、增强皮肤视觉美感的作用，主要有隔离霜、粉底、遮瑕膏、蜜粉、睫毛膏、唇膏、唇彩、腮红等。

（1）隔离霜

隔离霜能保护面部皮肤，隔绝空气中各类物质的刺激，还可以遮盖面部的微小缺陷，使面部显得白皙，是必备的化妆用品。在洁净的脸上薄敷一层隔离霜，可预防日常紫外线的辐射，并起到提亮肤色的作用。

（2）粉底

粉底可细分为不同种类，其基本成分是水、油和颜料。其中，水和油是为了适应皮肤的需要，而颜料则是为了增加色彩和光泽，如同绘画时选择底色一样。粉底是重要的化妆用品之一，粉底不但能使肤色显得柔美而有光泽，而且有保护和掩盖毛孔的作用，能修正脸型，提高化妆的效果。

1）粉底液。液态粉底，油量少。在所有粉底中，粉底液最轻薄，遮盖力差，适用于气候偏热的地区或面部皮肤质感好、瑕疵较少的干性皮肤，使用后可以不用定妆粉。粉底液能涂抹均匀，有自然感。

2）粉底霜。透气性佳，皮肤负担较轻，但遮盖力较差。粉底霜分为无油性、防水性、一般性三种。油性肌肤者，可选用无油性或防水性的粉底霜。

3）粉底膏。含油脂量较多，遮盖力比粉底霜强，适合有瑕疵、黑斑的皮肤，缺点是易脱落。粉底膏适合干性皮肤者、居住于气候温和或寒冷地区者，油性皮肤者在冬季使用效果较好。

（3）遮瑕膏

遮瑕膏是浓缩的粉底，其质地浓厚，可遮盖脸部色斑、伤痕、胎记或微血管浮现处，如图 2-9 所示。

（4）蜜粉

蜜粉呈松散粉末状。使用蜜粉可避免脸部油光，让妆容持久，不易脱落，使皮肤看起来质感细致轻柔。

（5）睫毛膏

睫毛膏可以使睫毛增长，使眼睛看起来更大、更明亮有神，常见液态状。有些睫毛膏中加入了天然或合成短纤维，可以加长睫毛，如图 2-10 所示。

（6）唇膏

唇膏又名口红，是将油脂、蜡精炼混合后再加入无毒染料和高级香精精制而成的，如图 2-11 所示。唇膏能使唇色红润、富有光泽，同时还能改变唇形，加强整个化妆的效果。此外，唇膏还具有滋润的作用，可使整个面部的肤色看起来润泽艳丽。

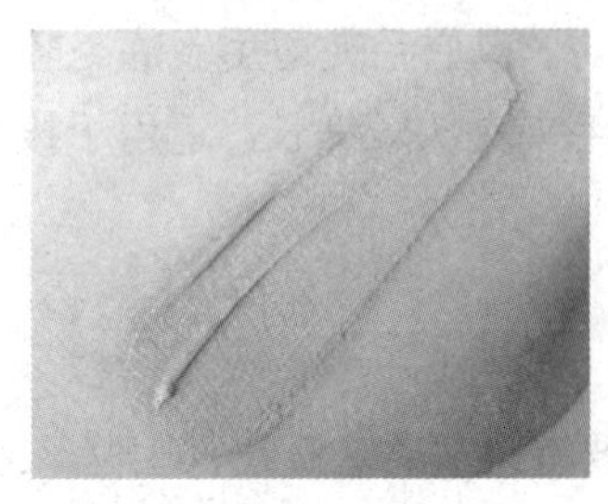

图 2-9　遮瑕膏

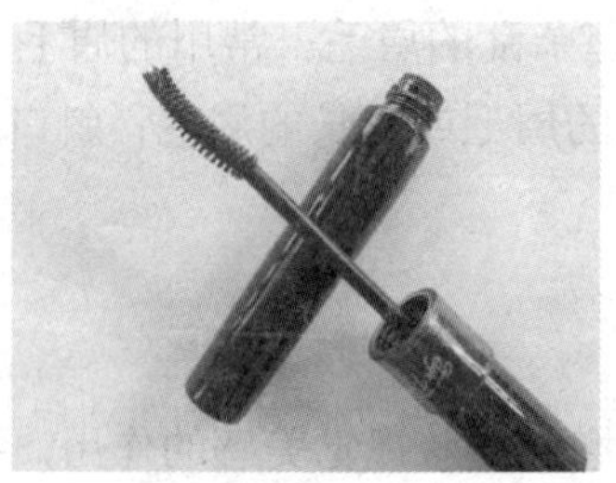
图 2-10　睫毛膏

图 2-11　唇膏

（7）唇彩

唇彩质地相对轻薄，黏度高。它一般装在透明的小塑料盒中，附有小唇刷，可以用手指或唇刷蘸取涂抹。唇彩的持久性不如唇膏，最大特点是油亮晶莹，可增强唇部的立体感，使唇部丰盈、透明湿润、光泽动人，非常符合近年来人们对淡妆的追求趋势。

图 2-12　腮红

（8）腮红

腮红可起到添加色彩的作用，配合眼睛及整个面部轮廓，会产生“绿叶配红花”的效果。腮红可以直接调整脸型，衬托一个人的气质和性格。腮红容易揉开，可以提升皮肤的光泽度，如图 2-12 所示。

4．医务人员妆容修饰

医务人员妆容与日常妆容大致相同，侧重自然，整体妆容以整洁大方为主，突显医务人员的职业形象，也可间接缓解患者就诊时的焦虑情绪，如图 2-13 所示。

图 2-13　医务人员妆容

（1）脸型

每个人需要根据自身不同的脸型和轮廓采用不同的化妆技术。人的脸型可以分为三角形、倒三角形、椭圆形、圆形、长形、方形等。

1）三角形脸。拥有三角形脸的人在化妆时需要注意将面部下部宽角修圆滑，将三角形脸变为椭圆形脸。将深色粉底涂抹在两腮，然后按照眉毛的自然形态画眉，最后由外眼角处向下涂抹腮红，将面部的下脸距的视觉拉宽，达到视觉上的对称。

2）倒三角形脸。拥有倒三角形脸的人在化妆时注意将面部上部宽角修去，将倒三角形脸变为椭圆形脸。将浅色粉底涂抹在两腮及下颌处，以突出下颌，然后顺着眼部的轮廓画眉，颜色由眉心到眉尾逐渐变浅，最后将腮红涂抹在颧骨最突出处，向上、向外顺序揉开。

3）椭圆形脸。椭圆形脸是理想的脸形，拥有椭圆形脸的人化妆时不需要刻意改变。画眉时顺着眼睛的轮廓修成弧形再画，使眉头与内眼角对齐，眉尾同外眼角及鼻翼外侧底部成一条直线。腮红涂抹在颊部颧骨的最高处，由下向上、由内向外揉开。唇膏应该选用颜色较淡色号，按自然唇形涂抹。总而言之，拥有椭圆形脸的人在化妆时应突出自己面部最动人、最美丽的部位。

4）圆形脸。拥有圆形脸的人在化妆时应将其修正为椭圆形。首先选用暗色粉底在两颊造出阴影效果，将圆脸修瘦，然后将眉毛修成自然的弧形，不宜过于弯曲，否则会使脸形显得更圆，将腮红从颧骨向下涂抹，最后用唇膏将上嘴唇涂成弓形，将下嘴唇涂成自然的弧形。

5）长形脸。拥有长形脸的人在化妆时应尽量增加面部的宽度。首先应将浅色粉底打在双颊和额部，使之变得丰满，然后将眉毛修成弧形，眉毛与眼睛的距离不宜过大，最后将腮红涂抹在离鼻子稍远些的地方，以拉宽面部。

6）方形脸。拥有方形脸的人在化妆时应注意掩蔽突出的双颊骨，使面部轮廓变柔和。选用暗色粉底涂抹在颧骨最宽处以改善面部轮廓，然后将眉毛修得略弯且宽一些，接着将腮红涂抹在与眼部平行的位置上，最后涂上唇膏，使唇形丰润。

（2）妆容特点

女性医务人员应该按照不同的年龄进行化妆，按照年龄可以将女性医护人员分为青年、中年和老年。

1）青年女性医务人员在化妆时应以突出自然美、突出青年人的蓬勃朝气、清新自然为宜。首先选择浅色粉底在面部打底，双颊扫上淡色的腮红，画出适当眉形，睫毛上也可以涂上淡淡的睫毛膏，最后可以选择粉色、橙色系唇膏，整个妆容要求以淡色为主，涂抹也要轻描淡写。

2）中年女性医务人员在化妆时应突出优雅美。中年女性面部不可避免会出现皱纹，所以应该选择暗色的粉底遮盖细纹，且可降低面部的亮度，进一步掩饰其皱纹。

3）老年女性医务人员在化妆时应突出成熟美。老年女性的皱纹较深，所以应该选择接近自然肤色的粉底，配搭亚光系眼影、颜色柔和的唇膏，切忌涂画鲜艳的唇线。

（3）粉底

粉底是医务人员妆容的基础。粉底可保护肌肤，使彩妆附着紧密和涂抹得均匀，并使肌肤柔滑而艳丽，达到焕发肤色自然美感的功效。

（4）眉毛

眉毛是妆容的关键部位，眉毛对人的妆容及面部表情有极为重要的表现反馈作用。修眉的关键是掌握分寸、恰到好处，过分刻意反而失去了自然美。修饰眉毛时，主要是根据眉毛的位置、形状及与脸型的搭配等进行修饰。一般来说，眉毛的颜色是两头淡、中间深，即眉头、眉梢淡而眉心较深。

（5）眼妆

眼睛是心灵的窗户，眼妆是整个妆容中最重要的一环，能反映出医务人员的内心感受。医务人员宜使用淡色系的眼影。

（6）腮红

使用腮红主要有两个目的：一个是表现健康的肤色；另一个是帮助矫正脸型。由于东方人的脸型较平坦，缺乏立体感，故可使用暗色的腮红以加深面部外轮廓。

知识拓展

腮红的使用方法

1）用腮红刷轻轻沾上适量的腮红，从颧骨和颧弓下陷结合处由外向内晕染，颜色逐渐由深过渡到浅乃至消失，其间不能有明显的界线。

2）沾腮红不宜太多，如太多，可在干净的纸巾上轻轻抖掉一些后再使用。

3）腮红的色彩要与眼影色彩是同系列的。

4）在涂腮红时，一定不要把脸涂成两团红，应由中心向四周匀开，越朝外越淡，淡到与肤色相接为止。

5）腮红的正确用法是涂在颧骨上，如果涂在颧骨下，会造成一个下垂的线条，使脸部看上去有下垂感。

（资料来源：陈玲玲，2001．风情万种话彩妆[M]．上海：上海科学技术文献出版社．）

（7）唇妆

理想的唇形应该是口唇轮廓线清晰，下唇略厚于上唇，大小与脸型相宜，嘴角微翘。唇膏的选择应与服装的色泽与场合相协调。化唇妆的步骤如下。

1）清洁唇部。把唇部擦拭干净，涂上无色唇油，保护嘴唇。

2）画唇线。确定唇形，用唇笔画出上唇、下唇对应的三个点，然后分别从两个唇角画出线条连接上下唇，线条要圆滑、准确、清晰。

3）涂抹均匀，不要涂到唇线外。可用同一色系的深色口红加深唇角，然后在下唇中央点涂明亮色，这样画出来的唇会显得立体饱满。

（8）补妆

补妆应该遵循修饰避人的原则，最好在洗手间进行补妆，切不可在他人面前肆无忌惮地补妆。

（9）卸妆

1）卸妆同上妆一样，一天一次，顺应面部皮肤纹理走向，彻底清洁干净，天气炎热时可酌情增加次数。

2）化妆品不宜在面部停留过长时间。化妆品长时间停留在皮肤表面会引起化学反应，刺激皮肤引发皮炎等。

3）睡前卸妆。睡前应根据季节的需要选择适宜的洗面奶或卸妆水卸妆，之后涂上晚霜从而保护皮肤。

2.2.3 头发修饰

洁净的头发是美发的第一步，应该自觉保持头发洁净，无头屑、无异味、不油腻。

头发不干净、油腻甚至满头头屑的人出现在社交场合是对他人的极不尊重。

想拥有整洁、端庄的发型，必须懂得以下头发清洁与保养的知识和技巧。

1. 头发的梳理

梳理头发是人们每天必做之事，按照常规，医务人员一般在以下情况下需要梳理头发：上班前、换装上岗前、摘下帽子时、下班回家前及其他必要时候。梳理头发时还要注意相关礼仪：首先“修饰避人”，梳发作为私人事务，不宜当众进行；其次梳发时难免会产生少许断发、头屑等，不宜信手乱扔。需要定期修剪头发，并且持之以恒，使头发塑造出适合的造型。最重要的是对头发定期清洗，避免异味、油腻及出现头屑。

2. 头发的清洁与保养

（1）科学洗发

要根据发质来选择合适的洗护发用品并确定洗发间隔期。中性发质的人，在夏季应该三天左右洗一次头发，在冬季应该 4～5 天洗一次头发，油性发质和干性发质的人要比中性发质的人分别缩短或延长 1～2 天。洗发时水温以 40℃左右感觉舒适为宜；根据头发性质选择不同的洗发剂；洗发时，先将头发梳顺，再将搓揉于手心的洗发剂涂于头发上，以指腹揉搓发根至发梢；然后，以清水漂洗头发至无泡沫、无滑腻感为止；最后施以护发素并将其清洗干净。

（2）保养头发

日常生活中，经常食用一些有益于增加头发营养的食品，如绿色蔬菜、鱼类、薯类、豆类、壳类、坚果类和海藻类等，尽量少食用糕点、快餐食品、碳酸饮料及冰激凌等。

要做到保养头发，不仅要注意饮食，而且要经常正确梳发，从而促进血液循环，使头发柔软而有光泽。

保养头发还应经常对头皮进行按摩，按摩可以调节和促进头皮的油脂分泌，改善发质。按摩的方法：伸开十指，手呈弓形，沿发际线由前额向头顶，再由头顶到脑后，然后由两鬓向头顶做环状揉动。按摩时用力须均匀，要使头皮在手指的揉动下自然地活动，若按摩得法，头皮会发热且有紧缩感。如果是油性头发，按摩时用力要轻，防止过度刺激头皮使油脂分泌增多。干性头发按摩时可以使用发乳、发油等护发品，使头发光亮润泽。

（3）避免对头发的伤害

对头发不适当的处理会造成潜在的危害。染发、烫发或拉直头发的间隔时间应在三个月以上。吹头发时，只要将头发吹到九成干即可。因为吹风机热度较高，易烘焦头发，操作时风筒要距离头发 10 厘米左右。

3. 发型的选择

人们应根据脸型、体型、年龄、发质、气质、服饰、工作性质和周围环境等因素选择适合自己的发型，做到扬长避短、和谐统一，以增加人体的整体美。

医务人员的发型不应过分追求时尚前卫。女性医务人员工作中须将长发绾成低发髻，配合发圈使用；如果是短发的女性医务人员，则可将头发别在耳后，配合发夹使用，

原则上须露出额头，切忌刘海儿覆面。

男性医务人员可根据自己的条件选择一种适合自己的发型，只要造型简洁、精神即可。

2.2.4 肢体修饰

1．上肢的修饰

在人际交往中，上肢因其动作最多，备受关注。医务人员在工作中对上肢的修饰应该有更加严格全面的要求。

（1）手

手部通常被视为人的“第二张名片”，是生活中人体最灵活的部位，应悉心加以修饰。在日常生活中，手是接触人和其他物体最多的地方，出于清洁、卫生、健康的考虑，应当勤于清洁和保护。医护人员在进入和离开病房前、接触清洁物品前及处理污染物品后、无菌操作前后及接触伤口前后都应当进行规范的手部清洁，然后涂抹护手霜等以保持手部滋润。此外，医务人员在工作中还应注意不可乱用双手揉眼睛、抠鼻孔、剔牙齿、搔头发等。医务人员不可留长指甲，长指甲不符合医务人员的身份，且容易藏污纳垢，给人不卫生的印象。指甲要经常修剪，长度通常不过手指指尖，且在修剪指甲时应清洁指甲沟附近的死皮。医务人员不可使用指甲油。另外，不要在任何公众场合修剪指甲或者用牙齿啃指甲。

（2）肩臂

社交礼仪要求人际交往活动中，手臂尤其是肩部，不应暴露在衣服之外。根据现代人着装的具体情况，女性在正式场合不要穿着会外露腋毛的服装，否则是很失礼的。医护人员更不宜穿着无袖装工作。

2．下肢的修饰

在人际交往中，常有“远看头，近看脚”的观察他人的习惯。腿部在近距离交往中常为他人所重视，在修饰仪容时不可偏废。修饰腿部重点应当注意以下两个问题。

（1）下肢的清洁

在正常情况下，应保持脚部卫生，勤于洗脚，要勤换鞋子、袜子，如条件允许，应随身带上备用袜子，以应不时之用。不要穿残、破有异味的袜子，不要在他人面前脱下鞋子，更不要脱下袜子搔抓脚部，这类不良习惯有损个人形象。此外，如拖鞋、凉鞋、镂空鞋等，不能在正式场合穿着。

医务人员上班时应穿规定的工作鞋，并且要做到定期清洁保养，使其干净、舒适、方便、美观。

（2）下肢的美化

下肢虽不算是医务人员修饰的重点，但从整体形象的角度来考虑，对其进行合乎常规的美化，是有必要性的。首先，注意修剪脚趾甲，使其长度适中、外形美观、整洁卫生。同时还应剪去脚趾甲周围的死皮。其次，无论是男性还是女性，如果腿毛较多，正式场合最好着长裤，如果女性穿裙装，应将腿部毛发去除，或选择色深而不透明的袜子进行遮掩。

3. 气味的修饰

古语有“闻香识人”一说，特别是在炎炎夏季，我们都应该拥有一缕属于自己的香味。

香水被称为“无形的时装”，其基本功能是除臭、添香，还能止痒、消炎，有的香水还能杀菌。在现实生活中，香水已经越来越多地用于人们的日常社会交往中，以增添个人魅力。

香水一般喷涂在不完全暴露的耳颈后处较适宜，这样既能散发香气，又能保护皮肤，香味随肢体转动而飘逸激发，使环境空气倍加清新。

香水不可喷涂得太多、太集中，最好在距离身体 20 厘米处喷洒。

医务人员在上班时间不宜使用香味过于浓郁的香水。

2.3 表情礼仪

表情主要由目光、笑容等组成，是面部肌肉及五官在神经系统的控制下进行的运动、变化和调整，在面部所呈现的某种形态。表情在人际交往中能真实可信地及时反映出人们的思想、情感、反应等各种复杂的心理活动与变化。“诚于中，形于外”“喜怒形于色”就是反映了这个道理。通过人的表情，可以及时感知到对方愉快、满意、肯定、否定、生气、悲伤、害羞、迷惑等各种情绪和心理活动。

一位美国心理学家针对人的感情表达效果总结了一个公式：感情的表达=语言（7%）+声音（38%）+表情（55%）。表情与举止同属于人的无声语言，在世界上大部分国家是可以通用的。在人际交往中，表情能直观、形象、真实、可信地反映人们的思想情感。由此可见，表情在人际沟通中占了相当重要的位置。

作为一种特殊的服务行业，医务人员有其特定的表情神态。医务人员应理解表情、把握表情，并能在不同的场合控制自己的表情。不同的表情表达不同的情感，如果以微笑的表情告知患者家属一个不幸的消息，容易让人误会为幸灾乐祸，但要是换一种关注、同情的表情，效果可能完全不一样。同理，在做治疗护理时，医务人员的表情应严肃、神情专注，以表明自己对待工作是认真负责的态度。医务人员表现礼仪的主要原则如下。

1. 谦恭

服务于人，待人谦恭与否，可以从表情上很直观地看出来。纵然护理服务对象千差万别，但医务人员都应当表露出于人恭敬、于己谦和的表情。

2. 友好

在工作中，医务人员对待任何患者，皆应友好相待、礼貌待人。医务人员在与患者接触中要反复提醒自己保持友好的表情神态。

3. 真诚

医务人员与患者之间人际关系的建立，必须投入情感，只有发自真心、发乎诚意，才会赢得患者的信任和尊重。

4．适时

表情可以是庄重、宽和的，也可以是活泼、俏皮的。有时，表情还可以表示不满、气愤、悲伤。不论采用何种表情，都要切记应与周围环境的氛围、实际需要相符合，融入当时情景、环境的气氛，这就是表情要适时。当面对生命垂危的患者，医务人员的表情应当凝重；当面对一位病痛缠身、痛苦呻吟的患者，医务人员应当报以关注、抚慰的神情，表达出对于生命的尊重和对他人感受的共情。

2.3.1 目光

眼睛是心灵的窗户，人们内心深处的所有感情和情绪可透过这个“窗口”自然地流露和表达出来。目光，是人类传递信息最有效的工具，在个人的面部表情中占有举足轻重的分量。它有着深刻、微妙、奇异、富有表现力的内涵，暗送秋波、眉目传情就是讲目光的功能。人际交往中相互接触的第一个表情就是目光。印度诗人泰戈尔说：“一旦学会了眼睛的语言，表情的变化将是无穷无尽的。”正确地运用目光能增添人际交往成功的概率，否则会适得其反。

1．注视的时长

注视对方时间的长短常常能表现出对对方的感受和态度。一般来说，交谈中倾听的一方应多注视诉说的一方，并及时给予回应。

（1）表示友好

表示友好时，注视对方的时间应占交往相处时间的 1/3 左右。

（2）表示重视

表示重视时，注视对方的时间应占交往相处时间的 2/3 左右，如在听报告或请教问题时，向对方表示关注，应常常把目光投向对方那里。

（3）表示轻视

注视对方的时间不到交往相处时间的 1/3，目光常游离对方，表现出瞧不起或不重视。

（4）表示敌意或表示兴趣

注视对方的时间超过了交往相处时间的 2/3 以上，表示对对方抱有敌意或产生兴趣。目光始终盯在对方身上，可以视为带有敌意，或有寻衅滋事的嫌疑。表达对对方感兴趣时，目光长时间停留在对方身上，只偶尔离开一下。

2．注视的角度

在注视他人时，目光的角度，即发出的方向，往往表示与交往对象的亲疏远近。注视他人的常规角度有以下几种。

（1）平视

平视即视线呈水平状态，也称正视，表示理性、平等，适用于普通场合与身份、地位平等的人的交往过程。

（2）侧视

侧视是平视的一种特殊情况，位居交往对象的一侧，转平视对方。不能斜视，否则为失礼的表现。

（3）仰视

仰视即主动居于低处，抬眼向上注视他人的状态，表示尊重、敬畏，适用于晚辈与长辈的人际交往过程。

2.3.2 微笑

艾克斯泰尔说："有一个世界通用的动作，它是一种表示，一种交流形式，它存在于所有的文化与国家中，人们不分国别、不分种族地使用它，并理解它的含义。它可以帮助你与各种关系的人交往，不论是业务伙伴，还是朋友，它是人们交流中唯一最有用的形式，那就是微笑。"

微笑可以表现一个医务人员的修养，是人际交往的润滑剂。亲切、温馨的微笑能让拥有不同文化背景的人迅速缩短彼此的心理距离，创造一个良好的沟通氛围，如图 2-14 所示。

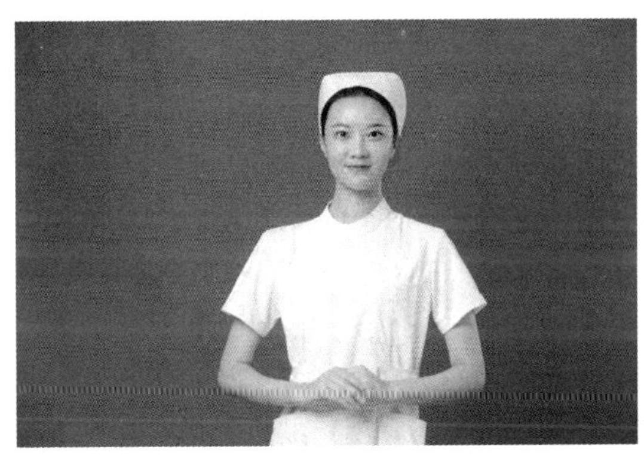

图 2-14　微笑

1．微笑的作用

只有心地平和、心情愉快、乐观向上的人，才会拥有真诚的微笑。

医务人员在患者面前微笑，会使患者对医务人员产生信任，使患者更加配合医务人员工作。同时，也能提高患者战胜病痛的信心。

在工作岗位上以微笑示人，也说明医务人员热爱本职工作，乐于恪尽职守，认真工作。

2．微笑的训练

面对镜子，嘴角往上，自信的笑容就会浮在脸上。

1）练习者应面对镜子反复纠正自己的笑容。

2）为使双颊肌肉向上抬，口里可念着普通话的"一"字音。

3）通过微笑操练习。

课后练习

1．仪容修饰的原则是什么？

2．练习微笑操。

本章小结

本章系统地介绍了仪容礼仪，并细致地讲解了妆容修饰的内容，介绍了化妆工具、化妆用品等的基本使用要求和注意事项。同时，介绍了医务人员表情礼仪相关知识。通过本章的学习，可以提高医务人员的整体综合素质，满足现代医学和社会进步的必然要求。

第3章 服饰礼仪

学习目标

1. 了解男士西装、女士套裙的穿着要求，并能准确为自己和他人选择合适的正装搭配。

2. 熟悉服饰的功能和着装原则，能够准确地选择适合自己所在场合的服装和饰品，从而更好地显示出自己的职业素养和礼仪修养。

3. 掌握护士服、医生工作服、手术服、隔离服、防护服的着装要求，培养医务人员的规范着装习惯，提高职业成熟度，使之在医患关系上能够高效地处理问题。

3.1 服饰礼仪概述

服饰是人类文明的产物，它是人们穿着的服装和佩戴的饰品的总称，是仪表的重要组成部分，所以服饰礼仪又称为仪表礼仪。在人际交往中，服饰是主要的视觉对象之一，通过服饰可以判断一个人的身份地位、涵养及品位。正如孔子所说："见人不可以不饰。不饰无貌，无貌不敬，不敬无礼，无礼不立。"从宏观上看，服饰能反映一个国家、一个民族的文化素养、精神面貌及物质文化的发展程度。不得体的服饰可能让人感觉俗不可耐，在社会交往中必然会在他人心中产生负面影响。本章介绍服饰穿着的礼仪规范，让得体的穿着来展示自己的才华和美学修养。

3.1.1 服饰功能

1. 实用功能

进化论指出，人类的自我保护意识比性意识、审美意识、社会意识要诞生得早。远

古时期，服装的最早功能就是保护功能，其次是遮羞功能。从古至今，服装的首要功能就是御寒和遮羞，但无论服装如何发展，实用功能一直是服装最基本的功能之一。

2．装饰功能

著名美学家德索瓦在评价服装时认为，在气候和温度达不到必须穿衣服的时候，衣服就会像装饰品那样被穿戴，即服装具有极强的装饰美化的作用。在现代，由于服装制作工艺的提高、服装织物色彩的增多及服装面料种类的不断研发，人们能够充分利用服装达到美化自身的目的，如使用横线条使人产生扩张感；使用纵线条使人产生延伸感；使用紧束的衣饰突出身体的某些部位；使用宽松的款式隐藏身体的某些部位；使用杂色产生分散感等。总之，服装工艺、质地、款式、色彩、饰物的变化，使人产生一种视觉差，从而达到美化人体、强化美感和掩饰不足的美学效果。

3．角色功能

随着社会的不断发展，服装在社会生活中的作用越来越大，它成为区别人们地位、职业、身份的工具之一。一些特殊行业常以特殊的服装来表明自己的社会角色，如军装、警服、护士服、环卫工人服装等工作制服，以及与服装配套的各种徽章、帽子等。此外，服装在一定场合和一定历史条件下，其颜色、款式、质地、饰物等还是着装者地位和身份的象征。

4．表达功能

服装的款式、颜色、质地在社会交往中常常以一种无声的形式表达出着装者的思想观念、社会背景、经济状况及个性特征。在一般情况下，思想观念的保守或开化都可以从服装的款式、色彩等方面表现出来。此外，服装款式、色彩的搭配，常常反映出着装者的情绪和情感。

3.1.2 着装原则

着装既是一门技巧，也是一门艺术，它不仅是指穿衣戴帽，更是指由此折射出的个人的品位和教养。从本质上来说，穿衣与着装是有一定区别的，穿衣更多的是指实用性，而着装是指根据自身的个性、阅历、修养等选择恰当的服饰，同时着装要考虑服装搭配技巧、流行时尚、所处场所等。一般而言，着装有以下几项原则。

1．TPO 原则

当今国际，流行着一个着装协调的标准，即服装的穿着要考虑时间（time）、地点（place）和场合（occasion）这三个要素，简称 TPO 原则。

（1）时间原则

时间原则泛指服饰要根据时代的变化而变化，根据人生的少年、青年、中年、老年不同年龄阶段而变化，根据一年四季的更迭而变化，根据早、中、晚三个时段的不同而变化。例如，夏天的服装应以透气、凉爽、吸汗、简洁、轻快为原则；而冬天要选择御寒、保暖、大方的着装，切不可“要风度，不要温度”。白天是工作时间，着装要根据自己的工作性质和特点，以庄重大方为原则；晚上若有宴请、舞会、音乐会等正式社交活动，着装以晚礼服为宜，展示高雅大方的礼仪形象。

（2）地点原则

地点原则是指着装者要根据所处场所、位置的不同来选择自己的着装。在不同的地点，着装和配饰应有所区别，以达到自身与环境相适应、相协调的目的。例如，穿泳装出现在海滨浴场、沙滩是人们司空见惯的，但若穿着它去上班、逛街，则令人啼笑皆非；现代女性喜欢的露背装、短裤、短裙，如果出现在相对保守的阿拉伯国家，就显得不尊重该国习俗了。

（3）场合原则

场合原则主要是指根据不同场合选择着装。在上班、社交和休闲等不同的场合，服饰上也有不同的要求，上班、社交属于正式场合，上班要求正规、讲究保守；社交要求时尚个性，显示自己独特的风格和魅力；休闲场合的要求是舒适自然，在不影响他人的前提下，可根据自己的喜好穿戴。例如，宴会、舞会、演出等社交场合可以穿礼服和民族服装；工作场合可以穿西装、套裙。

2．整体原则

正确的着装应具备统筹的考量和精心的搭配，各部分不仅要“自成一体”，还要互相呼应、配合，形成和谐的整体美。服饰的整体美包括人的体型、容貌、气质和服饰的款式、质地、工艺、色彩及着装环境等诸多因素。整体原则要重点注意两个方面：一方面，恪守服装本身约定俗成的搭配，如穿西装时搭配的是衬衣、皮鞋，穿休闲装搭配的则是运动鞋或休闲鞋；另一方面，使服饰各个部分相互适应，局部服从整体，力求展现着装的整体美，如配饰物的选择应与着装主色相近或呈对比，以取得和谐与呼应的效果。

3．个体原则

服装是外在的，同时也是内在的。服饰有助于着装者个性的完美体现，它与人的艺术修养、兴趣爱好、自身条件及所处的社会环境密切相关。每个人的性格特点不一样，有奔放豪迈型，也有沉默冷静型。不同性格的人在选择服饰上会有不同的结果。性格开朗的人偏爱明亮色彩，如黄色、红色等；文静内向的人更喜欢柔美优雅的轻装风格，喜欢朴素、稳重的色彩，如白色、浅蓝色、粉色、灰色等。服饰选择因人而异，他人穿着好看的服装穿在自己身上不一定好看。还有一个要点就是要扬长避短，展示自己的长处，遮盖自己的不足。统一的工作服也并不限制个性的体现，每个人可以发挥自己的想象力，从领带、配饰上来体现自己的个性。

4．色彩原则

服装的美感是由其款式、质地、色彩三个要素呈现出来的，三者相互依存、相互衬托，构成了整体的服饰美。在与人初次见面时，服饰的色彩是最先引人注目的，因为色彩对人的视觉刺激最敏感、最快速，会给人留下很深的印象。

（1）不同色系

根据色彩所反映出来的不同特点，可以将其划分为以下不同的色系。

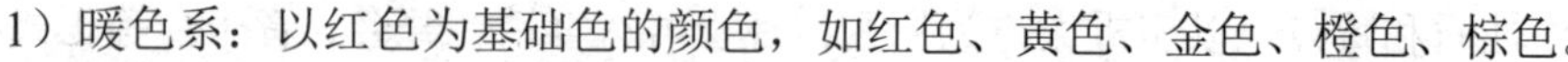

1）暖色系：以红色为基础色的颜色，如红色、黄色、金色、橙色、棕色。

2）冷色系：以蓝色、绿色为基础色的颜色，如蓝色、绿色、紫色。

3）中性色系：无基础色的颜色，主要有黑色、白色、灰色。

（2）三色原则

正式场合的着装配饰，要求色彩在总体上不要太过复杂，最好不要超过三种颜色，否则就显得杂乱无章。坚持三色原则有助于保持正装的庄重感，并使正装在色彩上显得规范、简洁及和谐。正装的色彩一般应为单色或深色，无图案。最标准的套装色彩是浅灰色、深蓝色、深棕色等接近黑色的色彩，但一般不能选择纯黑色；衬衫的色彩以白色最佳；皮鞋、袜子、公文包的色彩宜选用深色。

知识拓展

各种色彩的象征

红色：热情、活泼、热闹、革命、温暖、幸福、吉祥、危险……

橙色：光明、华丽、兴奋、甜蜜、快乐……

黄色：明朗、愉快、高贵、希望、发展、注意……

绿色：新鲜、平静、安逸、和平、柔和、青春、安全、理想……

蓝色：深远、永恒、沉静、理智、诚实、寒冷……

紫色：优雅、高贵、魅力、自傲、轻率……

白色：纯洁、纯真、朴素、神圣、明快、柔弱、虚无……

灰色：谦虚、平凡、沉默、中庸、寂寞、忧郁、消极……

黑色：崇高、严肃、刚健、坚实、沉默、黑暗、罪恶、恐怖、绝望、死亡……

（资料来源：刘南一，1995，色彩基础入门[M]．南宁：广西美术出版社．）

3.1.3 西装着装原则

西装是目前世界各地最普遍、最标准的礼服。一般出席各种正式商务场合男士都必须穿西装，女士穿西装套裙。西装的穿着有一套严格的礼仪，一套合体的西装，可以使着装者显得潇洒、精神、风度翩翩。

1．男士西装分类

西装原本是欧美国家的一种传统服装样式，现在已经发展成为一种国际性的礼服。男士西装从款式上分为欧洲型、英国型和美国型三种。

（1）欧洲型西装

欧洲型西装非常注重西装的外形。它的面料厚，衣领较宽，垫肩与袖笼很高，胸部收紧突出，腰身中等，多为双排两粒扣式或双粒六排扣式，纽扣的位置较低，后摆无开衩，整体造型优雅，上衣呈倒梯形。

（2）英国型西装

英国型西装非常注重严谨的绅士风度。它的衣领是V形，并且较窄，垫肩较薄，腰部略收，多为单排扣式，后摆两侧开衩，穿着自然、贴身。

（3）美国型西装

美国型西装非常重视服装的实用功能。它的面料薄，有弹性，衣领是适中的 V 形，无垫肩，胸部不过分收紧，多为单排扣式，后摆中间开衩，外观方方正正，穿着宽松舒适。

2．西装衬衫的选择

西装衬衫可以选择各种颜色，但是如果西装、衬衫、领带是同一色系，则要求衬衫的颜色最浅，领带的颜色最深，为了搭配方便一般选择白衬衫。正式场合应尽量选择长袖衬衫，因为长袖衬衫属于正装，短袖衬衫属于休闲系列。

衬衫以有硬领为最佳，领口的大小要根据脖子的粗细来选择，以能伸进两个手指为宜，并且内部不能穿着高领衫；搭配西装时，领子应平整，不能外翘，领口和袖口要长出西装 1～2 厘米，袖口的扣子一定要系上。打领带前应扣好领口，不打领带时，领口的扣子必须解开，但是只能解开一颗。衬衫的下摆必须均匀地掖进裤腰中。如果脱下西装，袖口可以按照袖口宽度向上挽两次，但是不能挽过肘部。

3．西装领带的结法

在庄严和正规的商务场合，穿西装必须系领带，但是在穿着夹克等休闲装时，不能打领带。同时，领带的面料最好选择真丝，色彩需要与西装搭配，一般是冷暖色相间，花纹尽量选择不太复杂的图案，以格子、条纹或圆点最佳。

穿着长袖衬衫时可以打领带，但是穿着短袖衬衫时不打领带。领带的长度以抵达皮带扣上端为最佳。

穿西装打领带时，一般不使用领带夹，除非是穿制服或有特殊需要。例如，工商税务人员，他们的领带夹上带有国徽，是身份的象征和职业的需要。经常要挥手致意的人员，则需要用领带夹将领带固定住，否则领带会随着挥手的动作从西装中露出来。领带夹应夹在领带的黄金分割点上，即从下向上数至领带的 2/3 处。

4．西装纽扣的系法

穿着西装参加正式的商务场合，在就座时需要将扣子全部解开，站起时再重新系好。西装有单排扣和双排扣的区别，穿着双排扣的西装时要将扣子全部系好；单排扣的西装上衣有一粒扣、两粒扣和三粒扣之分，穿着单排三粒扣的西装时，可以只系中间一粒或是上面两粒，一般不全系；穿着单排两粒扣的西装时，一般只系上面那粒扣子；穿着单排一粒扣的西装时，扣子相对自由，系上显端庄，不系显自然随意，可以根据场合选择系法。

5．西装搭配原则

（1）西装口袋的使用

西装下方两侧的口袋属于装饰性的口袋，不能随意放置物品，否则会使西装上衣变形。左侧外的胸袋，除插入一块用以装饰的真丝手绢，不应再放入其他任何物品。西装内侧的胸袋，可用来别钢笔、放钱夹或名片，但不要放太大或过厚的物品。西装裤子侧面的口袋只能放纸巾或钥匙，西装裤子后侧的两个口袋则不放任何物品。

（2）着西装时鞋袜的选择

在正式场合，人们穿着西装最好配以黑色正装皮鞋，并保持鞋面清洁。穿着深色西装不要穿白色袜子和尼龙袜，最好选择深色中筒袜，以和皮鞋同色为最佳。

（3）西装穿着的禁忌

1）要摘除袖口商标。一般在名牌西装上衣的左袖上都有一个商标，在穿着前必须先摘掉，否则有卖弄品牌之嫌。

2）不要内穿多件羊毛衫。穿着西装时只能穿一件薄型 V 领的素色羊绒衫，内穿衬衫打领带。穿着衬衫时，不可以在衬衫内套穿高领衫，从衬衫的领口看见里面的衣服是很不雅观的。

3）不要三个部位不同色。穿西装时，为了体现男士的风度，必须使皮鞋、腰带、公文包三种饰品同质同色。

4）腰部不要挂装饰物品。在正式场合中，男士的腰部不应该挂任何物品，如手机、钥匙等，应将其放在公文包里。

6. 女士套裙搭配

套裙是女士参加正式商务场合的最佳选择。女士套裙的上装是由男士西装演变而来的，配以雅致的裙子，可以将女性的阴柔之美和男性的阳刚之气很好地结合在一起，刚柔相济，相得益彰。

（1）套裙的种类

套裙一般可以分为两种：一种是上衣与裙子面料相同、做工相同，属于成套设计，是参加正式商务场合的首选；另一种是上衣与裙子的面料、做工均不相同，趋向于随意搭配，这种套裙比较适合交际场合。从整体造型上还可以将套裙分为上长下长、上短下短、上短下长和上长下短四种款式。套裙的裙子有多种选择，如西装裙、裹裙、一步裙、筒裙、人字裙、喇叭裙、旗袍裙等，但不能选择黑色的皮裙，也不能随意自由搭配。

（2）面料的选择

套裙应选择质地均匀、平整、润滑、光洁、丰厚、柔软、挺括的上乘面料，并且要求弹性好、不起褶皱。套裙最好选择素色面料，图案以简洁为最佳，可以选择格子、条纹或圆点的图案。在选择丝、麻、棉等薄面料或浅色面料制作的套裙时，必须内加一条衬裙，其他面料的套裙也最好有衬裙。

（3）色彩的选择

套裙不仅应注重上下颜色搭配，为了体现女士的端庄与稳重，还应该选择淡雅、庄重的颜色。套裙以冷色调为宜，不易选择过于鲜亮的颜色。在选择上衣和裙子的颜色时，既可以选择上下同色以显示正统和庄重，也可以选择上浅下深或上深下浅有所对比的颜色，以显示动感和活力。

（4）长短的规定

女士在穿着套裙时，对于上装和裙子的长短有严格的要求，不宜过长或过短。上装最短以向上伸出手臂不露出腰裙为限，最长可以盖住臀部。裙子最短不能短于膝上 10 厘米，最长不能长于小腿中部，最适合的长度是膝上 5 厘米。穿着套裙时，不能露肩、露背、露臂、露腰、露腹，必须内穿一件款式合适的衬衫；不能过于透明，更不能让内衣从衬衫的领口外显。

（5）鞋袜的搭配

穿着套裙时，应当搭配黑色或白色的高跟鞋，穿浅色套装时搭配白色皮鞋，穿深色套装时搭配黑色皮鞋，也可以选择与套装同色的皮鞋。穿着套裙时，应当搭配肉色的高筒袜或连裤袜，不能搭配色彩艳丽和图案繁多的袜子，也不能选择低筒袜和中筒袜，出现“三截腿”现象。在正式的商务场合中，女士不宜光腿、光脚，否则会有失典雅。

3.1.4 大学生着装

关于大学生的着装要求，根据教育部颁发的《高等学校学生行为准则》，各个高校也制定了相应的《校园文明行为规范》，要求大学生服饰大方、简洁，在进入图书馆、教室、学习场所等，参加公益活动和集体活动时不能穿吊带背心、拖鞋、运动短裤、牛仔短裤、超短裙等不适宜学生穿着的服装。

大学生的服饰应以色彩鲜明、线条流畅、明快简洁为好，这样可以充分显示出朝气蓬勃的精神面貌。不要穿奇异服饰，女生不可染发、烫发、涂指甲油。同时，也不能佩戴各种夸张的饰品。在校内，大学生应穿布鞋、运动鞋，这样更方便做早操和上体育课，同时也可以显示出大学生健美的身姿。

1．清洁

在任何情况下，大学生的着装都要求整洁。它反映了个人的卫生习惯及精神面貌，具体有以下三个方面需要注意。

1）整齐。衣物平整无褶皱，裤子要有笔直的裤线。

2）干净。各类衣服都应勤换洗，做到无污迹、无油迹和无异味。

3）完好。衣服不应该有残破，在正式场合更要谨记。

2．文明

着装的文明主要是指着装文明大方，符合社会的传统道德及文化习俗。大学生在日常生活中要努力做到文明着装，以显示自己文明高雅的气质，具体如下。

1）忌裸露。胸部、腹部、腋下、大腿是公认的文明着装时不能裸露的“禁区”。

2）忌透薄。若内衣、内裤甚至身体的敏感部位“透视”在外，会显得十分失礼。

3）忌过短。在正式场合，不要穿背心、短裤、超短裙等，以免活动不便。

4）忌过紧。为了展示自己的线条而穿过于紧身的服装，一是不利于健康，二是会使自己的内衣隐约显露，很不雅观。

3.1.5 饰品佩戴

饰品是指人们在着装的同时所选用、佩戴的装饰性物品，对人们的穿着打扮而言，起着辅助、烘托、陪衬、美化的作用。从审美的角度来看，它与服装、化妆被列为用以装饰、美化自身的三大方法之一。在社交场合，饰品尤为引人注目，并发挥着一定的交际功能。这主要体现在两个方面：一方面，它是一种无声的语言，可以表达佩戴者的知识、教养和审美品位；另一方面，它是一种有意的暗示，可以借以了解佩戴者的地位、

身份、财富及婚恋状况。这两种功能，特别是第二种功能，是服装难以达到的。但在现代，饰品的财富象征意义已为饰品的装饰意义所取代，因而饰品的质地也已显得不那么重要，即人们佩戴饰品主要是为了装饰自己。因此，美观、实用、配套成为人们选择饰品的基本指导思想。在经济条件有限的情况下，这种选择更能体现一个人的文化素养、审美情趣和生活格调。

从广义上讲，饰品包含与服装同时使用发挥装饰作用的一切物品，如首饰、手表、领带、手帕、帽子、手套、包袋、眼镜、钢笔等。

需要注意的是，本书提及的饰品佩戴原则仅针对社交场合，医务人员工作期间不应佩戴耳环、戒指、手镯等饰品。

1. 戒指

戒指一般佩戴在左手上，主要有黄金、白金、钻石、宝石等材质。佩戴戒指应注意以下几点。

（1）戒指的造型

女士佩戴的戒指要纤细，男士佩戴的戒指要宽厚。根据不同的手指形态，选择不同造型的戒指。偏粗的手指不适合佩戴镶有宝石的戒指，而适合戴没有花纹且体积较小的戒指，使整个手看起来更整洁；偏瘦的手指适合戴有装饰的戒指，使手指看起来更丰满；短小的手指，适合戴V形的戒指，可以从视觉上拉长手指；较长的手指，适合戴有花饰且两枚重叠型的戒指，可以从视觉上把手指缩短；关节粗的手指，适合戴有图形和刻有花纹或扭绳状的戒指，这样会转移他人对关节的注意力。

（2）佩戴方法

戒指戴在左手的不同手指代表不同的含义，暗示佩戴者的婚姻和择偶状况。戴在食指上表示想结婚或已经求婚，戴在中指上表示正在热恋中，戴在无名指上表示已订婚或结婚，戴在小手指上则表示是独身者。戒指一般只佩戴一枚，最多佩戴两枚。戴两枚戒指时，可戴在左手两个相邻的手指上，也可以戴在两只手对应的手指上。

2. 项链

项链可以起到修饰颈部的作用，男女均可佩戴，但是男士佩戴的项链不应外露。项链有多种类型，主要有金银项链和珠宝项链两大类。佩戴项链应注意以下几点。

（1）项链的选择

项链的选择，要注意脖颈的长短，脖颈细长的人适合佩戴方丝链，不宜过长，能显示出纤细柔美；脖颈粗短的人适合佩戴尺寸大些的项链，造型要简洁明了，不宜选用多层或短而宽的项链。

（2）项链的搭配

当穿着柔软、飘逸的丝绸套裙时，适合佩戴精致、细巧的项链，显得妩媚动人；当穿着单色或素色套裙时，适合佩戴色彩鲜明的项链，显得端庄典雅。

3. 耳环

耳环是女士钟爱的饰品之一，佩戴耳环时应注意以下几点。

（1）耳环与脸型的搭配

总的来说，耳环的形状要和脸型正好相反，即圆形脸的女士适合佩戴各种款式的长耳环、小而扁或尖型的耳环、耳坠，可将面部拉长；方形脸的女士适合佩戴线条流畅的圆形、鸡心形、螺旋形等造型柔和的中长形耳环，可减少脸部的棱角感，使脸显得匀称；瓜子形脸的女士适合佩戴各种类型的耳环，特别适合扇形耳环、水滴形耳环，注意防止过小、过大、过长；三角形脸的女士适合佩戴圆形耳环；长形脸的女士适合佩戴纽扣形耳环，以使脸部显得较宽。

（2）耳环与服装的搭配

耳环应与服装相协调，一般服装的颜色越鲜艳，耳环的装饰效果就越差，所以佩戴耳环时最好选择淡雅的服装。另外，佩戴耳环应注意与服装同类型、同色调，也可以同类型、对比色调。但穿运动服时，不宜佩戴耳环。

4．手袋

女士出席各种社交与商务场合时，无论是出于美观还是方便，都应携带一个手袋。制作精美的手袋可以增强服饰的美感，并且烘托出职业女性的干练与柔美。选择手袋应注意以下几点。

（1）手袋颜色协调

手袋的颜色应与服饰相协调，两者颜色相同是最理想的搭配。手袋的颜色应该选择中性色，如黑色、裸色、白色等，这样可以搭配任何颜色的服装。

（2）手袋形状适宜

手袋的形状应该与携带者的体型相协调，体型矮胖的女士适合携带体积小、造型不夸张与小巧的手袋；体型高胖的女士适合携带体积稍大的手袋；体型苗条的女士适合携带小巧玲珑的手袋。

3.2　医务人员服饰礼仪

医务人员的思想品格、精神面貌、性格特征、仪表举止、言谈服饰等都能引发患者的情绪活动，对患者的治疗、康复起到一定的作用。医务工作独特的艺术美可以通过医务人员的形象美体现出来。正确得体的着装不仅体现医务人员良好的精神面貌和较高的文化素养，还可以增强医务人员的自信，提高与患者交往的能力。

医院里除了护士服和医生工作服，还有特殊工作服装，如手术服、隔离服、防护服等，其严格的着装流程诠释着对患者和医务人员自身健康的责任，表达的是严谨、科学的语义。

3.2.1　护士服

护士服是护士工作时的专用服装，是区别于其他医务人员的重要标志，也是护理职业群体的外在表现形式。护士服的款式有连衣裙式和分体式，色彩以白色居多，部分医院将儿科、妇产科的护士服定为淡粉色，将急诊、手术室的护士服定为绿色等，以使不

同的色彩对患者的心理产生不同的影响。护士服的着装要求包括以下几点。

1．着装时间

护士服为护士的职业装，上班时间着护士服是护理工作的基本要求，非上班场合不宜穿护士服，以示严谨。护士身着醒目的护士服，一方面是护理工作的需要，另一方面也易使护士产生职业责任感和自豪感。

2．佩戴工作牌

护士身着护士服时应同时佩戴标明其姓名、职称、职务的工作牌。这样做，一方面可促使护士更积极、主动地为患者服务，认真约束自身的言行；另一方面也便于患者辨认、询问和监督。因此，每一位护士都应自觉地把工作牌端正地佩戴在左胸上方，避免反面佩戴，当工作牌损坏或模糊不清时应及时更换。

3．整齐清洁

护士服应经常换洗，保持平整，忌脏、皱、破、乱等。护士服的清洁和整齐体现护士严谨的工作作风和严肃的工作态度，显示护士职业的特殊品质。

4．简约端庄

护士服的样式应以简洁、美观、穿着得体和操作活动自如为原则。穿着护士服，应大小、长短、型号适宜，腰带平整，松紧适度，衣扣扣齐。同时注意与其他服饰的搭配与协调，如护士服内不宜穿过于臃肿、宽大的衣服，包括大衣、羽绒服、棉衣、连帽卫衣，内衣的颜色宜浅，领边和袖边不宜外露于护士服。护士夏季多着裙装，如材质通透，可在护士服内穿着衬裙，但颜色宜选用白色或肉色，同时下摆不能超出护士服下摆。护士服有冬、夏装之分，季节更替时，应及时更换，不宜冬装夏用或夏装冬用，护士服如图 3-1 所示。

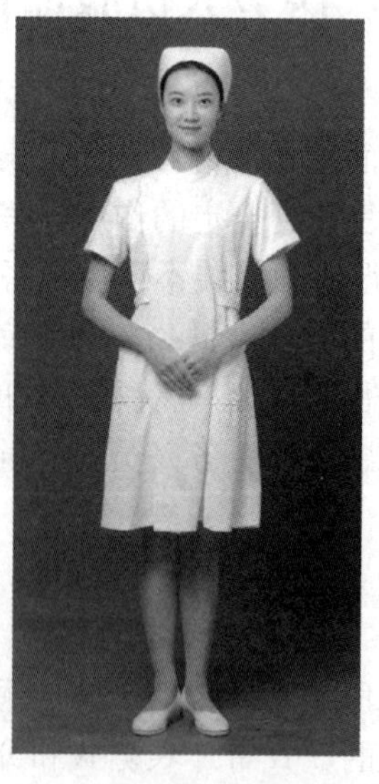

图 3-1　护士服

5．佩戴护士帽

现代的护士帽有两种，即燕帽和圆帽。戴燕帽时，如果护士是短发，则要求前不遮眉、后不搭肩、侧不掩耳；如果护士是长发，则应梳理整齐盘于脑后，发饰素雅端庄。燕帽应平整无折并挺立，应距离发髻 3～5 厘米，戴正戴稳，高低适中，用发卡将燕帽固定，发卡不得显露于帽的正面，如图 3-2 所示。戴圆帽时，头发应全部遮在帽子里面，前后左右都不外露头发，边缝应置于脑后，边缘整齐。

6．佩戴口罩

戴口罩时，首先应端正口罩，系带系于两耳后，松紧适度，遮住口鼻，注意不可露出鼻孔（图 3-3）。纱布制口罩应及时换洗消毒，保持口罩的清洁美观；一次性口罩使用后应及时处理，不应反复使用。

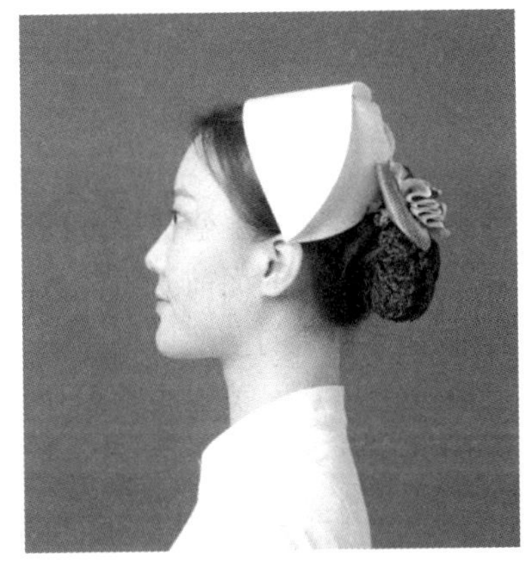

图 3-2　燕帽的佩戴

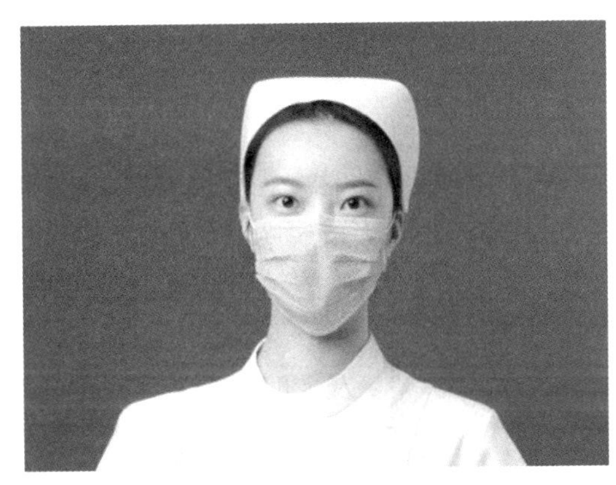

图 3-3　佩戴口罩

知识拓展

口　罩

在 19 世纪末，德国的医生莱德奇发现在做手术时呼吸或说话，容易使患者的伤口感染，于是，他在手术时用一块纱布蒙住口鼻，这样做果然使患者的伤口感染率大大下降。做手术佩戴口罩就流传开来。佩戴口罩被认为是卫生和安全的象征。

医务人员通常使用的医学口罩分为三种，分别有医用外科口罩、普通医用口罩、医用防护口罩。

医用外科口罩由口罩面体（外层通常是蓝色无纺布，有阻隔体液作用；中层有吸附微粒作用；内层通常是白色有吸潮作用）、鼻夹（根据个人鼻梁高低调整固定，起密闭作用）、系带（两根系带在头部固定）组成，通常在手术室、无菌操作和标准防护等场合使用，起隔离飞沫的作用。

口罩由口罩面体（同医用外科口罩）、鼻夹（同医用外科口罩）、松紧带（同医用外科口罩）组成，通常在一般清洁操作和接触普通传染物时使用。

特殊时期（如结核、严重急性呼吸综合征）使用的医用防护口罩（如 N95 口罩），用于阻止大部分细菌、病毒等病原体。

戴医用外科口罩和普通医用口罩的注意事项：先清洗双手；遮盖口、鼻和下颌；根据鼻梁高低固定鼻夹；在头部系紧系带；注意四边的密闭度；调整舒适度。

戴医用防护口罩的注意事项：先清洗双手；遮盖口、鼻和下颌；根据鼻梁高低固定鼻夹；固定用松紧带置于头部；调整舒适度；密闭度检查（吸气时口罩是否内陷、呼吸时口罩四周是否有泄漏）。

脱卸医用外科口罩和普通医用口罩的注意事项：先清洗双手；解开头部系带，然后解开颈部系带；抓住系带从脸部移开口罩，避免正面接触；丢弃到专用污物桶；清洁双手。

脱卸医用防护口罩的注意事项：先清洗双手；抓住颈部系带提过头部；然后提下头部系带；移开口罩丢弃到专用污物桶；再清洁双手。

（资料来源：殷啸虎，2015．法治的品格[M]．上海：上海社会科学院出版社．）

3.2.2 医生工作服

医生工作服，也称“白大褂”，如图 3-4 所示。英国行为学家罗兰德曾经专门研究过医生的穿着对患者的影响。他指出，患者初次接触医生时，他们的面前不可能放着医生的简历，医生的外表是患者对医生进行判断的全部依据。如果医生不符合患者的预期，他们的焦虑感就会增加。美国医学期刊曾经发表的一篇文章提到，对一所医院门诊部就诊的患者进行的调查显示，绝大多数患者更喜欢身穿正式服装、外罩工作服的医生，而不是穿着随意的医生。

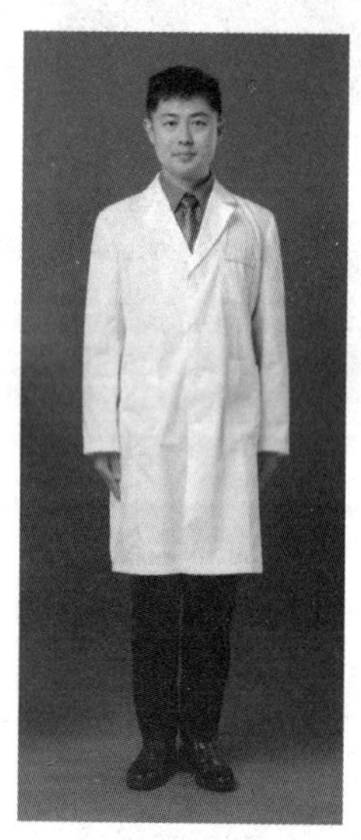

图 3-4　医生工作服

医生工作服的穿着具体要求如下。

1）医生工作服要整齐挺括，内衣不得外露，不挽袖卷裤、不漏扣、不掉扣、不起褶，穿前烫平，穿后挂好。

2）美观整洁，衣裤无油渍、药渍、异味。

3）衣扣齐全，不敞衣露怀，白大褂袖口不外露内衣。

4）女士长裙不超过工作服，不穿艳色裤袜；男士夏季不穿短裤。

5）鞋袜须合适，每天应把皮鞋擦干净，袜子与鞋子的颜色应和谐，工作时间不穿拖鞋、高跟鞋，统一穿工作鞋。

6）离开工作岗位后，不穿岗位服装去食堂就餐、外出办事、逛商店等。

3.2.3 手术服

手术服只适用于手术室，因为手术操作的无菌要求，手术服也应是无菌的。手术服分为一次性和非一次性。一次性手术服多为有特殊感染的患者及应急情况下使用，常在使用后按一次性医用垃圾焚烧处理。非一次性手术服可以反复高压消毒后使用。穿手术服时佩戴的手术帽和口罩也分一次性和非一次性，其性能特点及术后处理原则同手术服。头发应塞于帽子内，必要时用发网和发夹固定，要求前不遮眉、后不露发际。帽缝要在后面，边缘要平整，佩戴口罩应四周严密，以吸气时产生负压为适宜。

3.2.4 隔离服

隔离服常在应对传染病时使用，它的款式为中长大衣后开背系带式，袖口为松紧式或条带式。穿脱隔离服有严格的操作流程和要求。穿隔离服时，必须配用圆筒帽，头发要求及戴口罩标准同穿手术服一致。

3.2.5 防护服

防护服为特殊隔离服，主要用于应对经空气传播及接触性传染的特殊传染病（如新型冠状病毒肺炎）。防护服为衣帽连体式，不透空气，可防止任何病毒通过。

在二级防护时，医务人员须佩戴特制的医用防护口罩、防护眼镜、鞋套、手套等，其连体帽内应先佩戴一次性圆筒帽，头发要求及戴口罩标准同手术服、隔离服的标准一致。在三级防护时，则在二级防护的基础上加戴全面型呼吸防护器、护视屏。防护服及配套防护用品的穿脱有着严格的流程和要求。

通常情况下，医生在日常看病时穿工作服，手术时穿手术服，接触某些传染病的患者时穿隔离服。穿着隔离服的目的是保护医务人员和患者，避免交叉感染，避免无菌物品或无菌区域被污染。

课后练习

1．着装原则是什么？
2．何谓 TPO 原则？

本章小结

本章系统地介绍了服饰礼仪，包括服饰功能、着装原则、男女正装的着装要求与款式选择、大学生着装要求、饰品的佩戴与选择、医务人员着装要求等。通过对服饰礼仪的学习，医务人员能够在生活中、工作中更好地用服饰来展示自己的职业、性格、涵养和品位。对于医务人员来说，严谨的着装不仅能获得患者的信任，方便医患之间进行沟通，还能给自己一个健康的保证。因此，本章的学习既有利于提高学生的审美情趣和整体素质，也是每一位即将走向社会的学生的必修课。

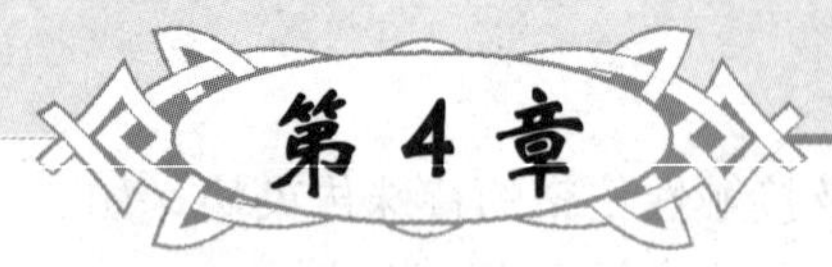

仪态礼仪

学习目标

1．了解日常行为礼仪的规范举止，在不同场合中灵活运用体态语言，提高职业修养和礼仪水平，提升医务人员的行为沟通手段。

2．熟悉医务人员的礼仪服务内容，提升职业成熟度，以有效的方式引导医务人员在医患关系中提高解决问题的业务能力。

3．掌握医务人员举止仪态的基本要求，培养规范的体态、仪态，在日常生活中养成良好的体态语言的行为习惯。

4.1　日常举止礼仪

在社会交往中，人们应该以大方得体的仪态出现在公众面前。人的仪态有“第二语言”的功能，它可以表达有声语言所不能表达的含义，而且更加简洁和生动。在工作中，人们可以借助优雅的仪态，展示自己良好的教养。每个人都应该在举止、体态、动作等方面严格要求自己，掌握正确的仪态礼仪。

如果说人的容貌美和形体美是人体静态美，那么仪态美就是人体的动态美。一个人即使有出众的容貌和身材，如果举止不端、姿态不雅，也不可能有完善的仪表美。追求仪态美，一是要注意按照美的规律进行锻炼和适当的修饰打扮，二是要注意自身的内在修养，包括道德品质、性格气质和文化素质的修养。

英国哲学家培根说：“在美的方面，相貌的美高于色泽的美，而秀雅合适的动作又高于相貌的美。”在医患之间的思想和感情交流中，医务人员的举止礼仪起着重要的作用。当医务人员与患者沟通时，若态度安详、举止得当，将有助于患者放心地治疗，并给患者留下温和、善良、仁爱的“白衣天使”形象。如果医务人员的态度匆忙、举止急切，则使患者感觉医务人员没有充裕的时间而不愿意表述或倾吐内心的感受。因此，医务人员在日常工作中更应注意保持规范和优雅的举止。

4.1.1 站姿

正确的站姿，会给人以挺拔向上、舒展俊美、庄重大方、亲切有礼、精力充沛的印象。正确的站姿要求抬头，颈挺直，下颌微收，嘴唇微闭，双目平视前方，面带微笑；双肩放松，气向下压，身体有向上的感觉，自然呼吸；挺胸，收腹，立腰，肩平；双臂放松，自然下垂于体侧，虎口向前，手指自然弯曲；两腿并拢立直，提髋，两膝和脚跟靠紧，身体重量平均分布在两条腿上。在此基础上，要达到“站如松”的效果，总的要求是“正看一个面，侧看一条线”。从其正面看，应该是头正，肩平，全身笔直。从其侧面看，则应含颌，挺胸，收腹，直腿。总体来说，应该给人稳重、精神、挺拔、俊美之感。

站立时，要实现上述标准体姿，使身体挺拔，就要控制肌肉，形成三种肌肉对抗力量：一是臀部向上提，脚趾抓地；二是腹肌、臀大肌保持一定的肌肉紧张，前后形成夹力；三是头顶上悬，肩向下沉。如果没有髋部和脚的对抗力，膝部就容易弯曲。只有这三种肌肉力量相互制约，才能保持标准的站姿。

由于性别差异，男女基本站姿的要求不尽相同，对男士的要求是稳健、刚毅洒脱，对女士的要求则是优美、亭亭玉立。

1．男士常用站姿

男士在站立时，一般应两腿平行，双脚微分，与肩同宽，原则上间距不超过一脚之宽。全身正直，头部抬起，双眼平视，双肩稍向后展并放松（图4-1）。

双臂的放置方式有三种：一是自然下垂伸直，双手贴放于大腿两侧；二是双臂自然下垂，右手握住左手腕部上方，自然贴于腹部；三是双手相握，背在身后贴于臀部。

训练窍门：两脚并拢，膝盖相碰，下提上压（下肢躯干肌肉的线条向上伸挺，两肩平而放松下沉），前后相夹（臀部夹着向前发力，腹部收缩向后发力），左右向中（身体两侧肌肉群从头至脚向中间发力），两臂下垂，手指并拢，双眼平视，嘴唇微闭，下颌微收，面带笑容。

2．女士常用站姿

（1）正脚位丁字步

正脚位丁字步，即一脚脚尖正向前方，另一脚脚跟靠在其脚窝处，双脚呈垂直方向接触，如一丁字，如图4-2所示。

采用正脚位丁字步站立时，双臂放松，自然下垂于体侧，双手掌心向内，手指自然弯曲贴于身体两侧，或双手叠握，即双手自然并拢，右手搭握在左手四指上，双手拇指弯曲向内，置于腹部脐上1寸（1寸≈3.3厘米）或脐下1寸。

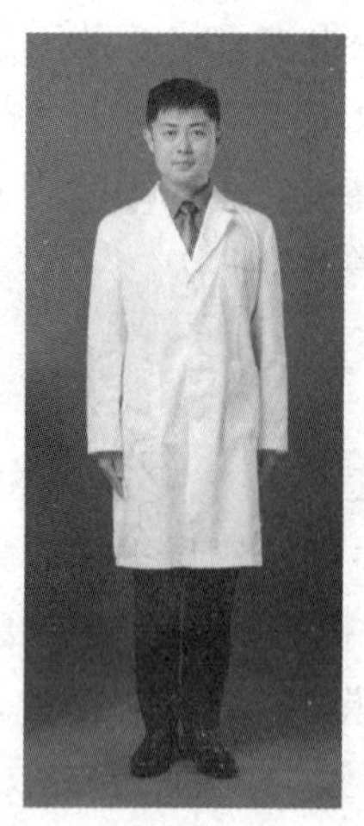

图 4-1 男士常用站姿

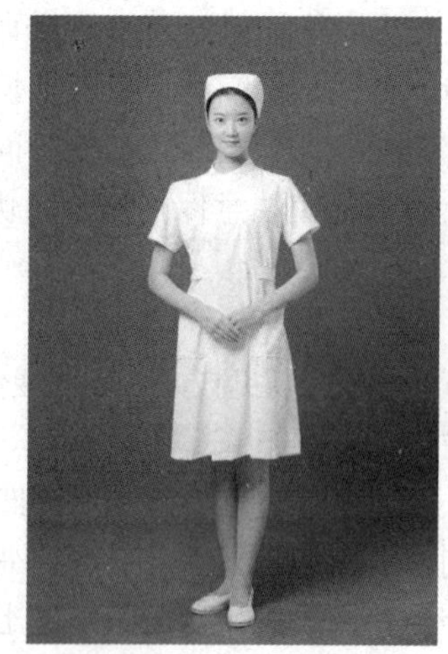

图 4-2 正脚位丁字步

（2）侧脚位丁字步

侧脚位丁字步，即一脚在后，一脚稍稍向前，前脚后跟微贴于后脚窝处，呈左倾 45°的丁字形。手的要求同正脚位丁字步，如图 4-3 所示。

（3）V 字步

V 字步即身体立直，双手置于身体两侧或交叠于腹部脐上一寸或脐下一寸，双腿自然并拢，脚跟靠紧，脚掌分开呈 V 形，两脚尖张开的距离约为一拳，如图 4-4 所示。

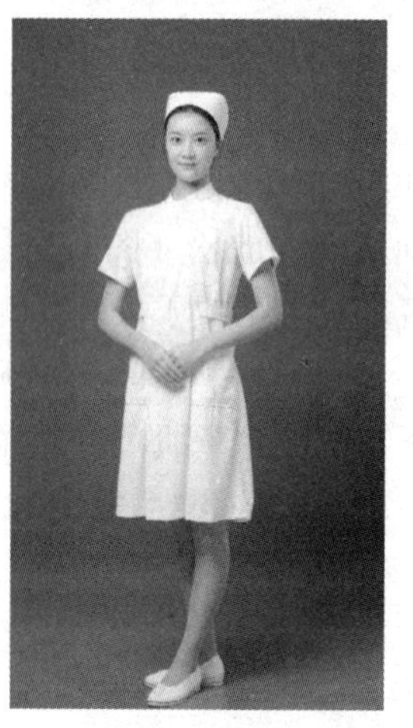

图 4-3 侧脚位丁字步

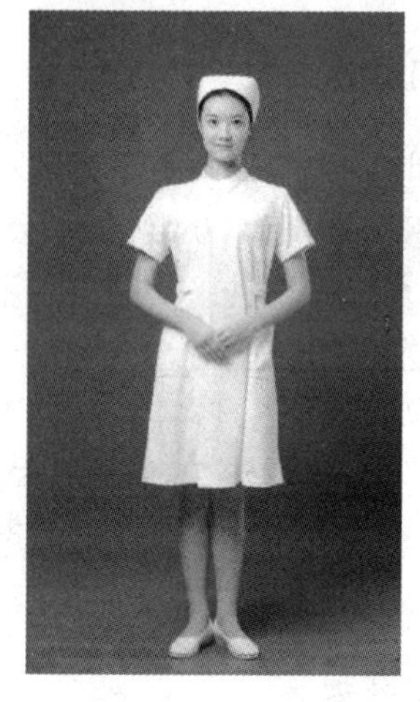

图 4-4 V 字步

3．站姿训练

（1）靠墙训练

靠墙壁站好，尽量将后脑、肩、臀、小腿及足跟与墙壁紧密接触，并保持一段时间，体会正确站姿的身体各部位的感觉。

（2）头部顶书训练

把书本放置于头顶中心，为使书本不掉，头与躯体应自然保持平衡。头部顶书训练可以纠正低头、仰脸、晃头及左顾右盼等不良习惯。

知识拓展

从站姿看性格

背脊挺直、胸部挺起、双目平视而立：说明有充分的自信，给人以气宇轩昂、心情乐观愉快的印象，属于开放型动作。

弯腰曲背、略显佝偻状而立：表现出自我防卫、闭锁、消沉的倾向，也表明精神上处于劣势，有惶惑不安或自我抑制的心情。

两手叉腰而立：具有自信心和精神上优势，属于开放型动作。对面临的事物没有充分心理准备时，绝不会采用这个动作。

别腿交叉而立：表示一种保留态度或轻微拒绝的意思，也是感到拘束和缺乏自信心的表现。

双手插袋而立：具有不坦露心思、暗中策划、盘算的倾向；若同时配合有弯腰曲背的姿势，则是心情沮丧或苦恼的反应。

靠墙而立：有这种习惯者多是失意者，通常比较坦诚，容易接纳他人。

背手而立：多半是自信心很强的人，喜欢把握局势，控制一切。一个人若采用这种姿势处于他人面前，说明他怀有居高临下的心理。

（资料来源：何奎莲，2016. 体态语：现代教师的必修课[M]. 成都：西南交通大学出版社.）

4.1.2 坐姿

正确而优雅的坐姿是一种文明行为，它既能体现一个人的形态美，又能体现行为美。正确的坐姿要求是“坐如钟”。

正确坐姿的要点是轻入座、雅落座、慢离座。轻入座是指入座要轻，入座前先将椅子轻轻地移到欲就座处，然后从椅子的左边入座。入座时声音要轻，动作要柔和；女士应用手把裙摆捋平；在地位高者未坐定之前，不宜先就座。雅落座是指落座时要文雅，面带微笑，脊背要和椅背有一拳左右的距离。在正式场合，或有地位较高的人在座时，不能坐满座位，一般只占座位的 2/3。脊背要直，挺胸收腹，上身挺直，抬头，目视前方，双肩略向后展，两肩持平，双手放于膝上或扶手上，双膝并拢，双脚并拢，双腿不能过于前伸，也不能过于后展，更不能摇腿晃脚。慢离座是指离座时要轻轻地起身，由椅子的左侧离座。

男士坐姿要体现阳刚之气。上身保持正确的坐姿，双脚可自然分开，以肩宽为限，双手呈掌型分别放于双腿上，以显示男士的优雅和阳刚。

女士坐姿要体现端庄之美。上身保持正确的坐姿，身体可侧向 45°，膝盖并拢、大腿夹紧，身体侧向左（右）侧时，右（左）脚藏于左（右）脚之后，目视正前方，双手相叠放于体侧，手心向下，这样的坐姿显得娴静优雅。坐着与其他人交谈时，上体及两腿应同时转向对方，双目正视交谈对象。

1. 常用坐姿

（1）正襟危坐式坐姿

正襟危坐式坐姿适用于正规、严肃的场合，男女士均可采用。该坐姿要求上身和大腿、大腿和小腿均形成直角，小腿垂直于地面。女士双膝、双脚都要完全并拢，双膝可稍分开，但不宜超过肩宽（图 4-5）；男士双膝、双脚自然分开，但不超过肩宽（图 4-6）。

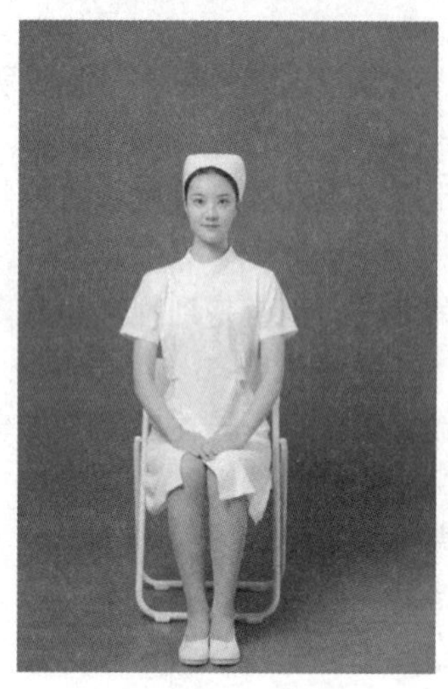

图 4-5　女士正襟危坐式坐姿

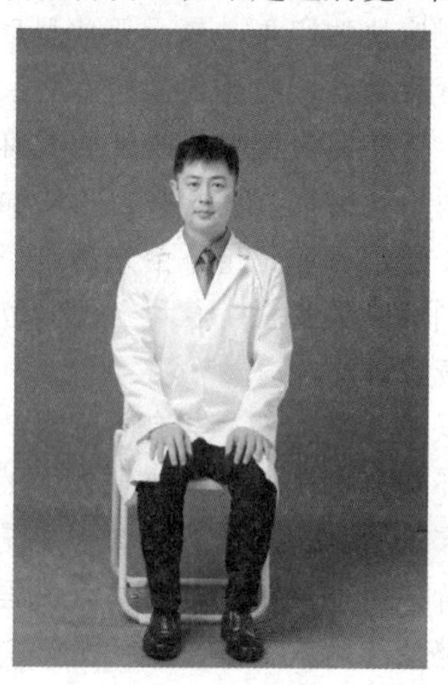

图 4-6　男士正襟危坐式坐姿

（2）双腿重叠式坐姿

双腿重叠式坐姿适合于一般场合，男女士均可选用。该坐姿要求将双腿完全地一上一下交叠在一起，交叠后的两腿之间没有任何缝隙，犹如一条直线，叠放在上方的腿的脚尖垂向地面（图 4-7 和图 4-8）。

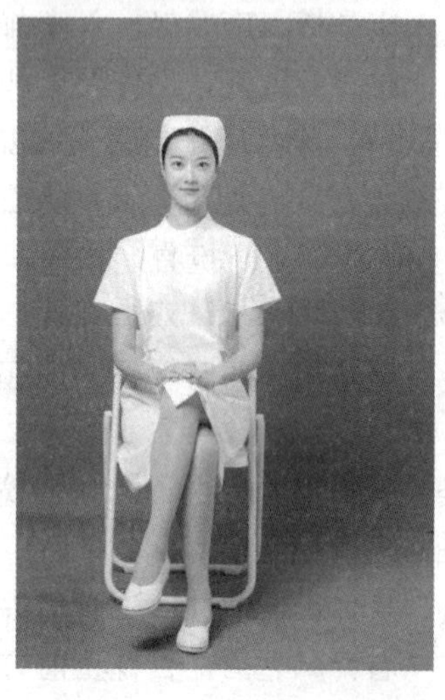

图 4-7　女士双腿重叠式坐姿

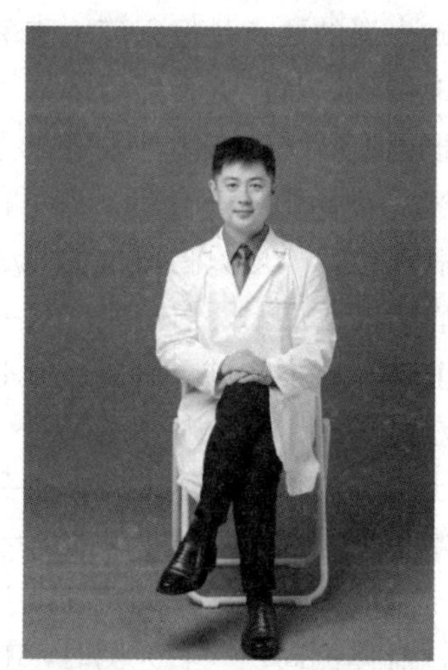

图 4-8　男士双腿重叠式坐姿

（3）双腿斜放式坐姿

双腿斜放式坐姿适用于穿裙子的女士在较低处就座使用。要求双膝先并拢，然后双脚向左或向右斜放，力求使斜放后的腿部与地面呈 45° 角（图 4-9）。

（4）双腿叠放式坐姿

双腿叠放式坐姿适合穿短裙子的女士（或身份地位高的人）采用，造型极为优雅，有一种大方高贵之感。要求将双腿完全地一上一下交叠在一起，交叠后的两腿之间没有任何缝隙，犹如一条直线。双腿斜放于左右一侧，斜放后的腿部与地面呈 45° 角，叠放在上方的腿的脚尖垂向地面，如图 4-10 所示。

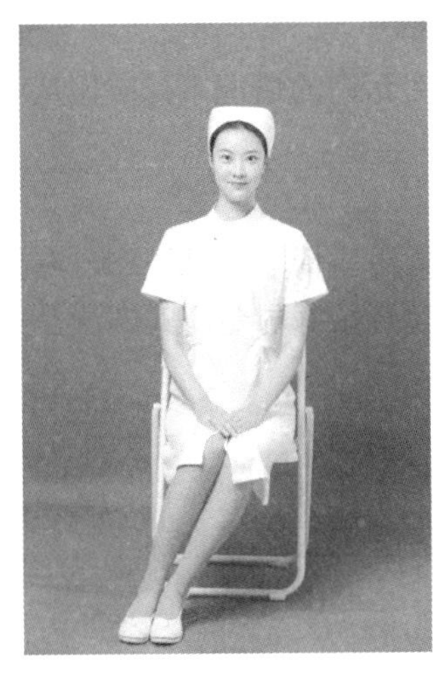

图 4-9　女士双腿斜放式坐姿

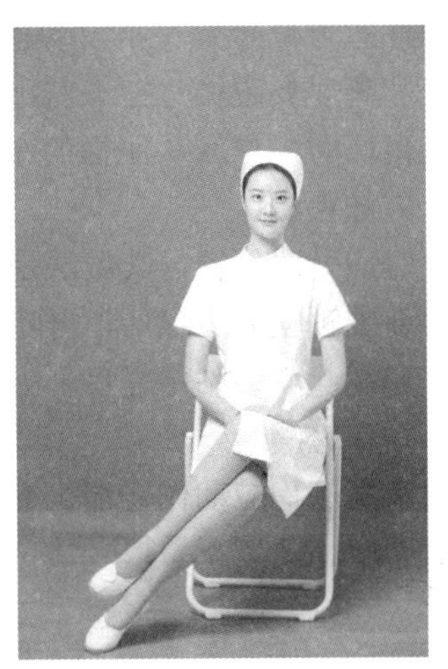

图 4-10　女士双腿叠放式坐姿

（5）双腿交叉式坐姿

双腿交叉式坐姿适合于一般场合，男女士均可选用。该坐姿要求将两腿在小腿处交叉，位于上方的一条腿，其小腿垂直于地面，脚掌着地，位于下方的一条腿，其小腿向内收，脚尖朝下，如图 4-11 所示。

（6）前伸后屈式坐姿

前伸后屈式坐姿适合女士采用。该坐姿要求将两条大腿先并拢，然后向前伸出一条腿，脚掌着地，同时另一条腿屈回，脚尖着地，双脚前后要在一条直线上，如图 4-12 所示。

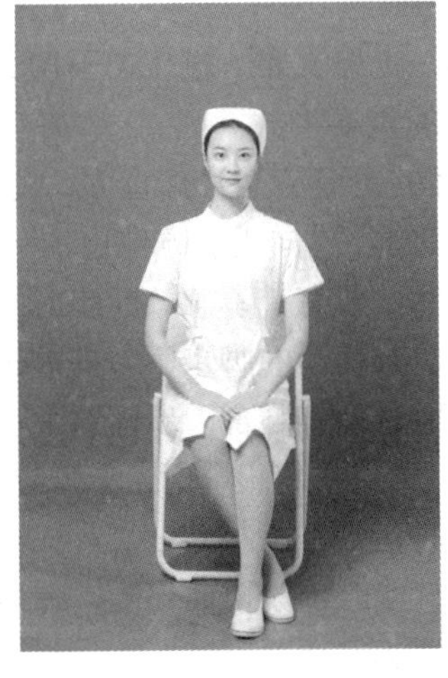

图 4-11　女士双腿交叉式坐姿

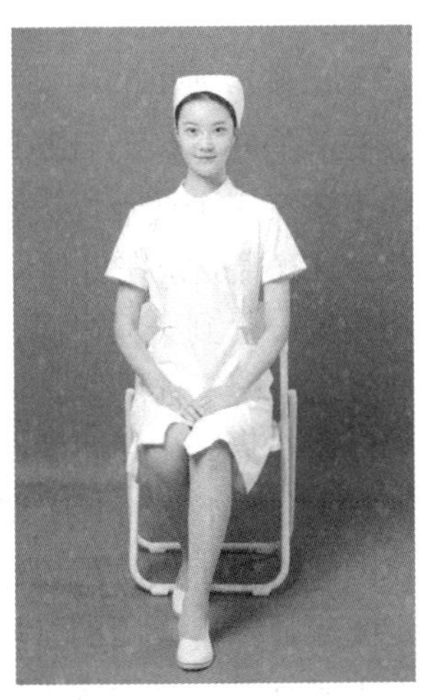

图 4-12　女士前伸后屈式坐姿

2. 入座礼仪要点

（1）讲究顺序

入座和离座时都要讲究先后顺序，对于尊长、客人及患者，应先让对方入座或离座，对于同事、朋友，可同时入座或离座。不论如何，应主动把尊位让给对方。抢先入座和离座都会失礼于人。

（2）注意方位

入座和离座要遵循“左进左出”的原则，即在条件允许的情况下，应该从座椅的左侧入座，离座时，也应从座椅的左侧离开。

（3）方法得当

入座时应背对座椅，其做法是先侧身走近座椅，背对座椅取站立姿态，右脚后移半步，待腿部接触座椅边缘后，再随势坐下。离座时应起身站好再走，其做法是先右脚后收半步，轻缓起立，站定之后，方可离去。

（4）动作轻缓

入座和离座均应动作轻缓，避免使座椅或其他物品发出响声。

知识拓展

女士入座注意要点

女士入座时，若是裙装，应用手将裙子稍稍拢一下，不要坐下后再拉拽衣裙，那样不优雅。正式场合一般从椅子的左侧入座，离座时也要从椅子左侧离开，这是一种礼貌。女士入座时要娴雅、文静、柔美，两腿并拢，双脚同时向左或向右放，两手叠放于双腿上。如长时间端坐可将两腿交叉重叠，但要注意上面的腿向回收，脚尖向下，以给人高贵、大方之感。

（资料来源：李朝霞，李占文，2017．公共关系实务[M]．北京：中国医药科技出版社．）

4.1.3 走姿

走姿是人体所呈现出的一种动态，是站姿的延续。走姿文雅、端庄，不仅给人以沉着、稳重、冷静的感觉，而且是展示自己气质与修养的重要形式。

正确的走姿有三个要点：从容、平稳、直线。正确的走姿应当身体直立、收腹直腰、两眼平视前方，双臂放松在身体两侧自然摆动，脚尖微向外或向正前方伸出，跨步均匀，两脚之间相距约一只到一只半脚，步伐稳健，步履自然，要有节奏感。起步时，身体微向前倾，身体重心落于前脚掌，行走时身体的重心要随着移动的脚步不断向前过渡，而不要让重心停留在后脚，并注意在前脚着地和后脚离地时伸直膝部。步幅的大小应根据身高、着装与场合的不同而有所调整。女士穿着裙装、旗袍或高跟鞋时，步幅应小一些；相反，穿休闲长裤时步伐就可以相对大些，突显靓丽与活泼。

男士走姿应显示出潇洒的气质。双脚各踏出一条直线，步伐快而不乱，脚尖朝向下前方，与女士同行时，男士步子应与女士保持一致。

女士走姿应显示出优雅的气质。双脚踏在一条直线上，形成“一字步”，步幅宜小不宜大。女士优美的走姿就是一道亮丽的风景。

正确的走姿为抬头，下颌微收，两眼平视，面带微笑，背部挺直，挺胸收腹，两臂自然摆动，脚尖向前，步伐正直，步态轻盈，步幅均匀，显示出一种矫健轻快、从容不迫的动态美。

1．行走礼仪要点

根据社交礼仪，人在走路时亦应自尊自爱、以礼待人。不论是个人独行，还是多人同行；不论是行于偏僻之地，还是奔走在闹市街头，都应遵守一些基本的礼仪要求。此外，在不同的行路条件下还有各自不同的具体要求。

（1）始终自律

在行走时，应当严格约束个人行为，做到不吃零食，不吸烟，不乱扔废弃物和随地吐痰；不过分亲密；不尾随围观；不毁坏公物；不窥视私宅；不违反交通规则等。

（2）相互礼让

在行走时，应礼让行人，热情问候，文明问路，帮助老幼及维护正义。

1）礼让行人。年轻者应主动给年长者让路。健康者应给老弱病残者让路，一般行人遇到负重者、孕妇、儿童及行路困难者，要让他们先行。要注意请他人先行，或有次序地依次通过，不要争先恐后，更不能“以强凌弱”“横行霸道”。因拥挤而不小心碰到他人时，应立即说“对不起”。不要若无其事，或借题发挥，寻衅滋事。

2）热情问候。路遇熟人，应主动问候对方，不应视若不见。若在路上碰到久别的亲友，想多谈一会儿，应靠边站立，不应站在马路当中或人多拥挤处，以免妨碍交通。对于其他不相识者，正面发生接触时，也有必要先向对方问好。

3）文明问路。向他人问路时应用尊称并表示抱歉，如“对不起，我可以向您问个路吗？”“我可以打扰一下吗？”事后应道谢。遇他人向自己问路时，应尽力相助，必要时还可为其带路。

4）帮助老幼。遇到老弱病残者，应主动上前关心、帮助，不要视若不见，甚至对其讥讽或呵斥。

5）维护正义。碰到打架、斗殴、偷窃、抢劫或其他破坏公物及公共秩序的行为时，应在保证自身安全的情况下挺身而出，见义勇为。

（3）距离适当

行走多在公共场合进行，应注意随时与他人保持适当的距离。人际距离不仅反映人们彼此关系的现状，而且体现出其中某方，尤其是保持某一距离的主动者对另一方的态度、看法，不可马虎大意。

2．行走规则

在行走过程中，除了要注意行走的基本礼仪外，在不同的场合也要遵循一定的礼仪规范，具体可分为以下几种情况。

1）右侧行走。在病区走廊内行走时应靠右侧单排行走。

2）右上右下。上下楼梯时应遵循“右上右下”的原则，减少在楼梯上逗留的时间，主动礼让他人。

3）以右为尊。陪同引导来访者时应遵循“以右为尊”的原则，引导者应处于左侧。若单排行走，引导者应走在来访者左侧前方三四步的位置；陪同引导来访者上下楼梯时，引导者应先行在前。

4）遇事快走。遇到急事时应选择快行步，但应做到急不失礼，忙不失仪。

3．不同场所的行走礼仪

人们在步行时，往往会置身于不同的场所。在这种情况下，既要遵守上述基本要求，又要具体情况具体对待。

（1）随意漫步

随意漫步又称散步，是一种休息方式，其表现形式是随意行走，一般不受时间、地点、速度等方面的限制。但应当避免在人多拥挤的道路上漫步，以免造成对他人的妨碍而失礼。

（2）上下楼梯

上下楼梯需要注意以下六点。

1）上下楼梯均应单线行走，不宜多人并排而行。

2）上下楼梯都应靠右侧行走，即右上右下，将左侧留出，以方便有紧急事务者快速通过。

3）上下楼梯时，若为人带路，应走在前面，而不应位居被引导者之后。

4）上下楼梯时，为安全考虑不应与人交谈，也不允许站在楼梯上或楼梯转角处与人深谈而妨碍他人通过。

5）与尊长、异性一起下楼梯时，若阶梯过陡，应主动行走在前，以防身后之人有闪失。

6）上下楼梯时不仅要注意阶梯，还要注意与身前、身后之人保持一定距离，以防碰撞。

此外，还应注意上下楼梯时的姿势、速度。不管自己多么着急，在上下楼梯时都不得推挤他人，或是坐在楼梯扶手上快速下滑。上下楼梯时快速奔跑也是欠妥当的。

（3）进出电梯

进出电梯，要注意以下两个问题。

1）注意安全。当电梯门关闭时，不要扒门或强行挤人；当电梯超载时，不要心存侥幸，硬挤进去；当电梯在升降途中因故暂停时，要耐心等候，不要冒险攀缘而出。

2）出入顺序。与不相识者同乘电梯进入时要讲究先来后到，出电梯时则讲究由外而里，不可争先恐后；与熟人同乘电梯，尤其是与尊长、女士和客人同乘电梯时，则应视电梯类别而定。进入有人管理的电梯时，应主动后进后出；进入无人管理的电梯时，为了控制电梯，应主动为人服务，讲究礼仪，应先进后出。

（4）通过走廊

1）单排行进，主动行于右侧，这样即使有人从对面走来也互不相扰。

2）若是在仅容一人通过的走廊上与对面来人相遇，则应面向墙壁侧身相让，请对方先通过，若对方先这样做了，则勿忘向其道谢。

3）缓步轻行，悄然无声。因为走廊多连接房间，故切勿快步奔走，大声喧哗。

4）循序而行，不要为了走捷径、图省事、找刺激而去跨越某些室外走廊的栏杆，或行于其上。

（5）自觉排队

1）养成排队习惯。需要排队时，要保持耐心，自觉排队等候。不应起哄、拥挤、不排队或破坏排队秩序。

2）遵守排队顺序。排队的基本顺序是先来后到、依次而行。排队时，应当遵守并维护秩序，做到不插队、不帮熟人插队。

3）保持适当间隔。在排队时，均应缓步而行，人与人之间最好要保持 0.5～1 米的间距，不要一个人紧挨着另一个人，前胸贴着后背，那样会让人很不舒服，甚至会影响他人办理事情。例如，到自动提款机上排队取钱时，后面的人若贴得过紧，就有可能使前面的人感到不舒服，或心生戒备。

（6）出入房门

在医院里，为了不打搅他人，尊重他人，在出入房门时要注意以下几个方面。

1）进入房门前先通报。进入患者房门前，要先采取叩门等方式向房内的患者进行行通报，不能贸然进入以免惊扰他人。

2）用手轻开或轻关房门。出入患者房门时，应该用手轻拉、轻推、轻关房门，不可用身体其他部位，如肘或背推门、脚踢门、膝盖顶门或听任房门自由开关。

3）进出房门面向他人。当房间内有人时，进出房门时应该面向对方，切勿反身关门或背向他人。

4）表示礼貌后入后出。与他人同时出入房门时，为表示自己的礼貌，可后入后出。

（7）搀扶帮助

搀扶是指用自己的一只手去帮助患者身体直立或共同行进。在医院里，当遇见身体虚弱的患者时，医务人员应该主动给予关心照顾，以保证患者的安全。医务人员在对患者进行搀扶帮助时，要注意以下几个方面。

1）评估患者的情况。医务人员在搀扶患者行进前，要评估患者的身体情况，以决定采取何种搀扶方式，从而达到既节省体力，又保证患者安全的目的。

2）尊重患者的意识。医务人员在搀扶前须征得患者的同意，以免伤害患者的自尊心。

3）采取的方法得当。正确搀扶的手法是一只手臂穿过对方的腋下，架着其胳臂，另一只手扶在其前臂上共同行进。

4）行进速度要合适。医务人员在搀扶患者行进时，要注意步伐不宜过快，应该与对方保持一致，否则，会使患者感觉不舒适或缺乏安全感。

4. 走姿训练

1）练习腰腿力量，双手固定腰部，正步出脚，脚背绷直，踮脚行走。

2）练习颈背挺直，头顶书本，但不踮脚行走。

3）修正脚步，两脚内缘的落点力求在一条直线上。

4）训练全身协调运动，轻步行走，达到柔步无声。

4.1.4 蹲姿

蹲姿是人处于静态时的一种特殊体位。在日常生活中，人们对掉在地上的东西，一般是弯腰或蹲下将其捡起，而在正式场合或工作场所，若随意弯腰蹲下捡起是不合适的，且从健康角度出发，也不利于腰椎的健康。

蹲姿总的要求是迅速、美观、大方。站在要捡或要拿的物品旁，一脚后退半步（女士需要用双手则先理顺裙装下摆），屈膝下蹲，上身保持挺拔，可略向前倾，身体的重心放稳，脊背保持挺直，臀部下蹲，避免弯腰翘臀的姿势。男士两腿间可留有适当的缝隙，女士则要两腿并紧，穿旗袍或短裙时须更加留意，以免尴尬。

1．常见蹲姿

（1）交叉式蹲姿

实际生活中常常会用到交叉式蹲姿，如集体合影时前排需要蹲下，女士可采用交叉式蹲姿，下蹲时右脚在前，左脚在后，右小腿垂直于地面，全脚着地；左膝由后面伸向右侧，左脚跟抬起，脚掌着地；两腿靠紧，合力支撑身体；臀部向下，上身稍前倾，如图 4-13 所示。

（2）高低式蹲姿

高低式蹲姿男女士都适用。下蹲时左脚在前，右脚稍后，两腿靠紧向下蹲；左脚全脚着地，小腿基本垂直于地面，右脚脚跟提起，脚掌着地；右膝低于左膝，右膝内侧靠于左小腿内侧，形成左膝高、右膝低的姿态，臀部向下，基本上以右腿支撑身体，如图 4-14 所示。

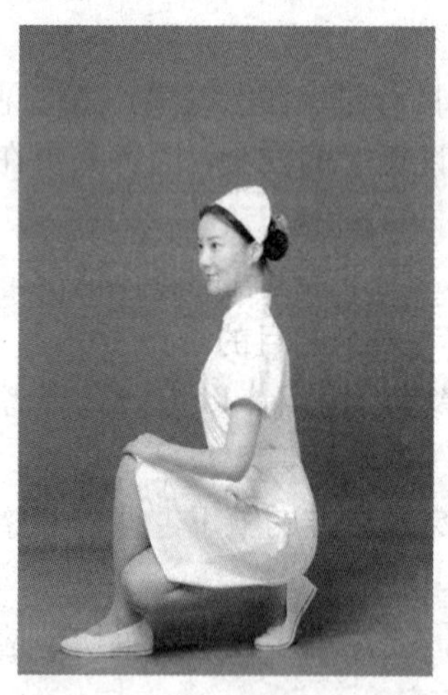

图 4-13　交叉式蹲姿

图 4-14　高低式蹲姿

2．蹲姿训练

要想拥有优雅的蹲姿，应注重对腿部力量的训练。

（1）压腿

练习方法为人体端正直立，将运动腿置于把杆上，支撑腿伸直，重心在支撑腿上。

包括正压腿、侧压腿和后压腿。

正压腿是将运动腿足跟部放到把杆上，髋关节保持前屈 90° 左右。

侧压腿能有效锻炼髋关节外展的肌肉，还能练习同一侧的腰、腹肌力量及腰椎向两侧调节的功能。良好的腰椎调节功能，是优美蹲姿不可缺少的要素。

后压腿是髋关节后伸，一般人的运动幅度只能达到 15° ～20° ，因为它受到坚固的髋股韧带的限制。

（2）踢腿

练习方法主要有正踢腿、侧踢腿和后踢腿。

正踢腿是支撑腿充分伸直，挺胸、收腹、收臀，脚有稳定的支撑。

侧踢腿是单手扶把，运动腿向侧（外展）踢起。

后踢腿是单手扶把，运动腿向前绷，脚面点地，在上身保持正直的状态下，向后方踢起。

4.1.5 手势

手势又叫手姿，是指人的两只手及手臂所做的动作，其中，双手的动作是手姿的核心。手势运用手指、手掌、手臂的动作来传递信息，具有信息量丰富、表现力强的特征。我们把手势所表达的语言含义称为手势语。在人际关系中，恰当地运用手势语，有助于思想感情的表达，并能强化沟通效果。

古罗马政治家西塞罗说过："一切心理活动都伴有指手画脚等动作。手势恰如人体的一种语言，这种语言甚至连野蛮人都能理解。"法国著名画家德拉克鲁瓦则指出："手应当像脸一样富有表情。"他们的话均从不同侧面指出了手势的重要性。根据需要，手势可以是静态的也可以是动态的。在人际交往中，恰当地运用手势语，可以发挥其表示形象、传达感情等方面的作用。

手势语可分成四种类型：形象手势，即用来模拟状物的手势；象征手势，即用来表示抽象意念的手势；情意手势，即用来传达情感的手势；指示手势，即指示具体对象的手势。

1．常见手势

（1）垂放

垂放是站立时最常用的手势，一般为两手相叠或相握放于腹前，还可两臂自然下垂，掌心向内，两手分别贴放于大腿外侧，后者多用于比较正式的场合。

（2）持物

持物的基本要求是稳妥、动作自然、到位、卫生。持物时可用一只手，也可用两只手，五指并拢，要避免在持物时手势夸张、"小题大做"，失之于自然美。

（3）背手

背手多见于站立和行走时，其做法是两臂置于背后，双手相握，同时昂首挺胸，背手能达到显示威严和自我镇定的效果，但有时会给人盛气凌人的感觉，所以在与他人交往的过程中应慎重使用，以免产生误会，拉开人与人之间的距离。

（4）指引

指引是用来引导他人或指示方向的手势。做法是将右手抬至一定高度，伸直并拢手指，掌心向上，腕关节伸直，指尖与手臂形成一条直线，上身稍前倾，以肘部为轴朝目标方向伸出手臂，另一手臂此时可放于腹前或背于身后（图 4-15）。

图 4-15　指引

（5）鼓掌

鼓掌是用以表示欢送、欢迎、祝贺、鼓励他人的一种手势，动作幅度虽然不大，却能密切与他人的关系。做法是抬起两臂，左手手掌放到胸前，掌心向上，以右手拇指之外的其他四指轻拍左手中部，节奏要平稳，频率要一致，掌声的大小应与气氛相协调。站立鼓掌表示尊敬，辅以微笑则更显真诚。

（6）递接

递送物品时，以双手为宜，不方便时可单用右手。应避免单用左手递物，否则会被视为不礼貌。在递物于他人时，应注意递送于他人手中，且方便他人接拿。接取物品时，则应目视对方，必要时，起身而立，或走近对方接取，如接名片。

（7）挥手

挥手的含义主要是向人打招呼或是告别（图 4-16）。由于地区和习惯的差异，虽然表达的是同样的意义，但挥手的方式方法也有不同。例如，北美人不论是在向人打招呼还是告别，或者是要引起相距较远的人的注意，他们都是举臂，张开手，来回摆动；意大利人和希腊人用的手势又完全不同，他们举手时，仅手指向内勾动。

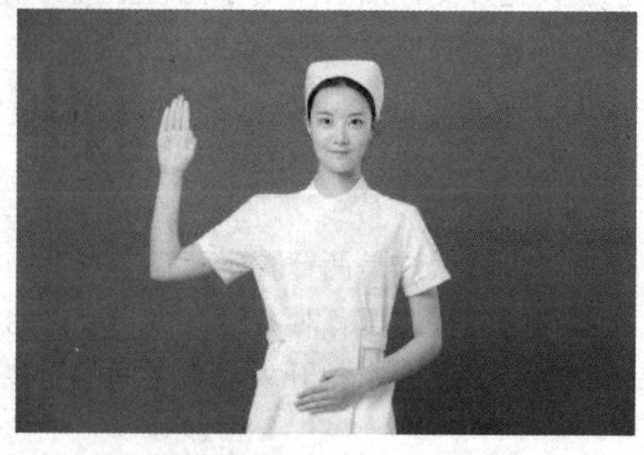

图 4-16　挥手

（8）V 形手势

食指和中指分开呈 V 形，理解为示意“胜利”或者“和平”，然而，在英国，如果你伸出食指和中指形成 V 形，手掌和手指向着自己的脸，就是侮辱人的意思。因此，在做 V 形手势时，一定要保持手掌向外的正确姿势（图 4-17）。

（9）“OK”手势

北美人经常热情地炫示这个手势：拇指和食指构成环形，其他三指伸直表示“OK”（图 4-18），即赞扬和允许等意思；在法国南部、比利时等地，其意相反，这个手势表示“劣等品”“零”“毫无价值”；而在日本，这个手势的含义是“钱”。因此，在个别国家里，不要做“OK”手势。

图 4-17　V 形手势

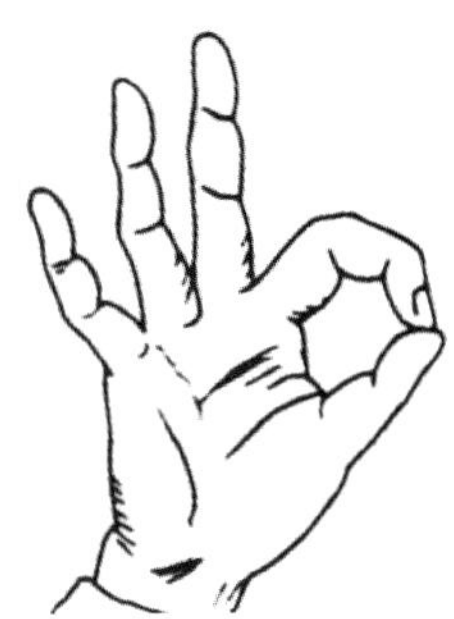

图 4-18　“OK”手势

（10）其他手势

使手呈杯状，做饮水动作，这是表达“我渴了”；两手合掌，把头倚在一侧手背上，紧闭双眼，做入睡状，表示“我很疲倦”；用手拍拍胃部，表示“我吃饱了”；手在胃部划圈表示“我饿了”，两手相接既可以表示“我很冷”“很好”“这里很安适”，也可以表达迫切期望、精神振奋、跃跃欲试等。

由于各国各民族的文化习俗不同，所用的手势也各有各的含义，同样的手势在不同的国家可以表示不同的意思。因此，我们在用手势语时，要因人而异，因地而异。

2．手势礼仪要点

1）使用手势时要注意规范化，与他人交谈时手势不宜太多，动作幅度不宜太大。

2）注意手势的地域性差异，避免因手势而产生误会。

3．错误手势

（1）不卫生的手势

在他人面前掏耳朵、抠鼻孔、剔牙、擦眼屎、抓痒痒等这些手势都极不卫生，会令人不快。

（2）不稳重的手势

在大庭广众之下手势不宜过多、动作不宜过大，切忌“指手画脚”和“手舞足蹈”。双手乱动、乱摸乱放、折衣角、抬胳膊等都是应当禁止的手势。

（3）不礼貌的手势

掌心向下挥动手臂勾动食指和拇指外的其他三指招呼他人；用手指点他人，都是失敬于人的手势。

4.1.6 距离

一位心理学家曾经做过这样一个试验：在一个刚刚开门的大阅览室里，只有一位读者，心理学家进去后直接坐在他的旁边，很快这位读者就起身走到别的座位去了。试验测试了 80 人次，试验的结果是在一个空旷的阅览室里，没有一个人能够忍受一个陌生人紧挨自己坐下，大多数人会很快离开到别处就座，有人则干脆明确表示：“你想干什么？”这个试验说明了人与人之间需要保持一定的空间距离，当这个距离有人侵入时，就会感到不舒服、不安全，甚至恼怒起来。

心理学家发现，在拥挤的环境中，每个人的个人空间是 0.6～0.8 平方米；在不拥挤的环境中，每个人的个人空间会扩大到 1 平方米。每个人都有属于自己的个人空间，在人际交往中，人们应该与交往对象保持适当的距离，以免造成尴尬的局面。交往中的常见距离有以下几种。

1．私人距离

私人距离是指小于 0.5 米的距离，这个距离适合于情感上联系高度密切的人，其他人特别是陌生人闯入会令人恐慌，感觉受到侵犯，心跳加速，戒备心理增强。在这个距离，同性朋友中往往仅限于知心朋友，彼此十分熟悉，无话不谈；在异性之间，仅限于夫妻和恋人。在商务交往中，不小心进入他人的私人距离是很不礼貌的，会引起对方的反感，为了与被交往对象制造相识机会的跳舞除外。

私人距离的大小受到文化、性别、环境、个性的影响。不同的文化会有不同的私人距离。由于崇尚自由和绅士风度，在美国、英国等国家，个人的私人距离往往较远，而阿拉伯人认为闻朋友的气味是对朋友的尊重，因此私人距离往往较近。女士之间的私人距离比男士之间的私人距离短，所以女士经常喜欢靠近交谈。从个性上来说，外向的人较内向的人私人距离更短，容易让人近距离接触。在拥挤的环境中，人的私人距离会短一些。此外，当人与亲属朋友相处时的私人距离要比处于陌生环境的私人距离短。

2．常规距离

常规距离也称交际距离，是指 0.5～1.5 米的距离，在这个距离内交往一般使彼此有安全感。这个距离正好可以进行交谈、握手、递送名片等，所以在商务场合与交往对象进行交谈时，一般采取常规距离，以利于交流。

3．礼仪距离

礼仪距离也称尊重距离，是指 1.5～3 米的距离，在这个距离内交往表示对交往对象的尊重，比较适合长辈和晚辈、上级和下级之间的交往。如果空间不够，可以用桌子等来拉开距离。例如，国家领导人或企业之间的谈判、人员招聘时的面谈、教师组织学生论文答辩等，都要隔一张桌子或保持一定距离，这样就增加了一种庄重的气氛。在礼仪距离内，不能有直接的身体接触，需要交谈双方充分运用目光进行交流，如果一方感受不到对方的目光，就会认为被忽视、被拒绝。

4．公共距离

公共距离也称有距离的距离，是指 3 米以上的距离，在这个距离内交往会感到非常陌生和安全，当事人可以对处于这个范围的任何人视而不见，不与之交往。公共距离比较适合公共场合中的陌生人、演讲者或授课者与听众等。

案例分析

1）某旅游公司的接待室进来两名咨询旅游线路的游客，她们刚想开口咨询，却又眉头紧锁，好像对眼前的情况不是很满意。三张办公桌前的业务员都是东倒西歪的样子，有的斜靠在桌前看报纸，有的半躺在椅子上接电话，有的用双手托着下颌、支撑在桌上聊天，两名游客相互交换了一下眼神，同时退出了这家旅游公司的接待室。

① 讨论分析前来咨询的游客突然打“退堂鼓”的原因。

② 随机请几名学生在全班进行站、坐、走等个人仪态的展示，然后请其他学生分析他们的优缺点。

2）人事部负责人带着三位刚从各分公司推选出来的业务骨干去见总裁，因为总裁要从这三位业务骨干中挑选出一个业务经理。

三位年轻人进入总裁办公室时，总裁还没有到，人事部负责人请三位年轻人稍等，一会儿总裁来到了办公室，只见两位年轻人坐在沙发上，一位架起“二郎腿”，而且两腿不停地来回抖动，另一位身子松懈地斜靠在沙发上，两手交握，手指“咯咯”作响，只有一位年轻人端坐在椅子上等候面试。

总裁非常客气地对两位坐在沙发上的年轻人说：“对不起，选拔已经有结果了，请退出。”两位年轻人四目相对，不知何故，选拔怎么什么都没问就结束了？

请分析其中的缘故。

4.2 医务人员举止礼仪

医务人员作为医院的主力军，代表着医院的形象，每天为大量患者诊治疾病，为医院的发展做出巨大的贡献，其举止礼仪在与患者的思想和情感交流中，起着非常重要的作用。如果医务人员在与患者的交流中能态度平和，举止得当，就能让患者产生安全感和信任感。如果医务人员态度恶劣、举止粗暴，轻则不易使患者产生安全感和信任感，重则容易引起不必要的误会甚至医患纠纷。

4.2.1 医务人员举止仪态的基本要求

（1）站立有相

站立是医务人员在工作中最基本的姿势，不仅要挺拔自然，还要优美典雅。

医务人员站立时，应抬头，颈挺直，下颌微收，嘴唇微闭，双目平视前方，面带微笑；双肩放松，气向下压，身体有向上的感觉，自然呼吸；挺胸，收腹，立腰，肩平；双臂放松，自然下垂于体侧，呈V字步站立或丁字步站立，男士也可采用两脚平行的站立姿势。

（2）落座有姿

正确的坐姿是入座时要轻稳，走到座位前，转身后退，轻稳地坐下，女士穿裙装入座时，应将裙子向前收拢一下再坐下。上体自然坐直，立腰，双肩平正放松；两臂自然弯曲放在膝上，也可以放在椅子或沙发的扶手上，掌心向下；双膝自然并拢（男士可略分开些），双脚平落在地上；若坐在椅子上，至少应坐满椅子的2/3，脊背轻靠椅背；起立时，右脚向后收半步，而后站立。端坐时间过长，会使人感到疲劳、不自然，可换一下姿势：男士可将双脚略向前伸或将两脚交叉；女士可将两腿并拢，两脚同时向左或向右放，两手叠放，置于左腿或右腿上形成优美的S形，也可以两腿交叉重叠，但要注意将上面的小腿收回，脚尖向下。

（3）行走有态

行走最能体现出一个人的精神面貌。行走姿态的好坏可以反映一个人的内心境界和文化素养的高低，能够展现出一个人的风度、风采和韵味。

女性医务人员穿裙装工作服时，要走成一条直线，使裙子下摆与脚的动作协调，呈现出优美的韵律感；穿裤装时，宜走成两条平行的直线。出脚和落脚时，脚尖和脚跟应与前进方向近乎成一条直线，避免“内八字”或“外八字”。两手前后自然协调摆动，手臂与身体的夹角一般在10°～15°，由大臂带动小臂摆动，肘关节只可微屈。上下楼梯时，应保持上体正直，脚步轻盈平稳，尽量少用眼睛看楼梯，最好不要手扶栏杆。

医务人员的快步走通常是在抢救患者、处理急诊、应答患者呼唤时，为赶速度、抢时间而表现出短暂的快步。快步走时应给人一种快而不慌、矫健从容的动态美，使患者感到安全而由衷地信赖。

（4）目光有度

人的眼睛也可以“说话”，可以从眼睛的语言中了解整个世界。人的眼睛最富于表情，从一个人的眼睛中，往往能看到他的整个内心世界。

医务人员在与患者的交往活动中，眼神运用要符合一定的礼仪规范。一般情况下，与患者交谈时，目光应该注视着对方。同时，应使目光局限于上至对方额头、下至对方衬衣的第二粒纽扣以上、左右以两肩为准的方框中。

如果听患者讲述病情及感受，应用柔和、友善和关注的目光正视对方，表示“我理解你的痛苦，我很重视你，我乐于帮助你”。如果想要中断患者的讲话，可以有意识地将目光稍微转向他处，或礼貌地重复患者的某句话，从而引入另一个话题或病情的重点。

不能将目光长时间地集中在对方的脸上或身体的某一部位，特别是初次见面或异性之间。

（5）微笑常伴

微笑是一种国际礼仪，充分体现一个人的热情、修养和魅力。微笑是不用翻译的世界语言，它传递着亲切、友好、愉快的信息。在医院各项工作中，医务人员的微笑显得尤为重要和可贵，它能消除患者对医务人员的陌生感，拉近医务人员与患者之间的距离。医务人员在接触患者时，面带微笑是进行沟通的首要条件，医务人员从容、执着、和蔼的表情能被患者接受并获得患者的信任。患者焦虑时，医务人员面带微笑与其交流，这是患者的“安慰剂”；患者恐惧不安时，医务人员镇定、从容不迫的微笑，能给患者带来镇静和安全感，医务人员真诚的微笑，能使患者不由自主地放松，从而将正性情绪传递给患者。患者孤独无助时，医务人员和善的微笑能抚慰患者孤独失落的心灵，燃起他们对未来的希冀。医务人员运用好微笑可以营造一种和谐温馨的气氛，造就融洽亲切的氛围，使患者在良好的氛围中早日康复。

4.2.2 医务人员常用的持物礼仪

（1）持病历夹

手持病历夹是医务人员常用的一种工作姿势，包括手持病历夹行走和手持病历夹翻阅或书写。

持病历夹的基本要领是手持病历夹行走时，一手握住病历夹边缘中部，把病历夹夹在肘部和腰部之间；或者一手握住病历夹的前 1/3，病历夹的前部略上翘，放在前臂内侧，另一手臂自然下垂或摆动。

（2）端治疗盘

端治疗盘也是医务人员常用的一种工作姿势。

端治疗盘的基本要领是在站姿或走姿的基础上，双手托于治疗盘底两侧边缘的 1/3 处，拇指在盘缘中部，其他四指自然分开，托住盘底。盘内缘距躯干 2～3 厘米，双肘靠近两侧腋中线，肘关节弯曲呈 90°，前臂同上臂及手一起用力，保持治疗盘平稳。端治疗盘开门时不能用治疗盘推门或用脚踢门，可用肩部或肘部将门轻轻推开，注意礼让他人。拇指不可接触盘的内面，盘内缘不能触及工作服。

（3）推治疗车

医务人员在给患者做各项医疗护理操作时经常要使用到治疗车。

推治疗车的基本要领是医务人员位于治疗车后，与其保持一定的距离，双手扶住车缘两侧，两臂均匀用力，稳住方向，抬头、挺胸收腹、直背，躯干略前倾，重心集中于前臂，使车平稳地行进或停放。行进过程中不能用手反拖着车行走；随时观察车内物品，注意周围环境，礼让他人；防止因两臂用力不均匀造成车体左右摇晃；入室前须先将车停稳，用手轻推开房门后，再推车入室，不可用车将门撞开。入室后要先关门再推车至床旁；要经常对车进行检查和维修，车轮处要涂润滑油，以免推车过程中发出响声。

（4）搬放椅子

医务人员在搬放椅子时，应侧立于椅子的后面，双脚可前后分开适当的距离，双腿微曲，右手将椅背夹于手臂与身体之间，左手自然扶持椅背上端，握稳后起身前行。搬放椅子时要动作轻巧，轻拿轻放，不要发出声响，并且避免与其他物品相碰撞。

（5）使用平车

平车一般用于运送危急重症或手术前后的患者，要求快中求稳。在运送患者时要根据病情需要保护好患者，将患者头部置于大车轮端以减少对患者头部的震荡，也便于医务人员观察病情，小车轮端位于前方，以方便掌握方向。

（6）引导指示

引导是指在行进中带领服务对象前往一定目的地的过程。陪同引导应该有正确的方

法和姿势。

1）走廊的引导方法。医务人员在引导服务对象时，应配合步调，让服务对象走在内侧。

2）楼梯的引导方法。引导服务对象上楼时，应该让服务对象走在前面，医务人员走在后面；下楼时，应该由医务人员走在前面，服务对象走在后面。上下楼梯时，医务人员应该注意服务对象的安全。

3）电梯的引导方法。引导服务对象乘坐电梯时，医务人员先进入电梯，等服务对象进入后关闭电梯门，到达时，让服务对象先走出电梯。

指示是指在为他人指示物品或方向时所做的配合语言表达和手势表明意思的过程。指示动作宜亲切自然，手势的曲线宜软不宜硬，动作表现宜柔和，忌快猛；注意不能掌心向下，不能紧握拳头，也不能指指点点。指示时四指伸直并拢，手臂成一条直线，肘关节自然弯曲，掌心斜向上方；手势的上界不要超过对方的视线，下界不要低于胸部，左右摆动范围不要太宽，应在人的胸前或右方进行。

课后练习

1．社交礼仪中对各种基本站姿、坐姿、行姿的规范和要求是什么？
2．医务工作中对医务人员的举止有哪些要求?
3．设定护理工作情境，进行护士举止礼仪的角色扮演，练习各种姿态。

本章小结

本章系统地介绍了仪态礼仪，包括站姿、坐姿、走姿、蹲姿的正确仪态训练，并细致地讲解了医务人员举止礼仪的基本要求和交往礼仪中的注意事项。通过仪态礼仪的进阶训练，能对提高医务人员的日常行为礼仪起到至关重要的作用。

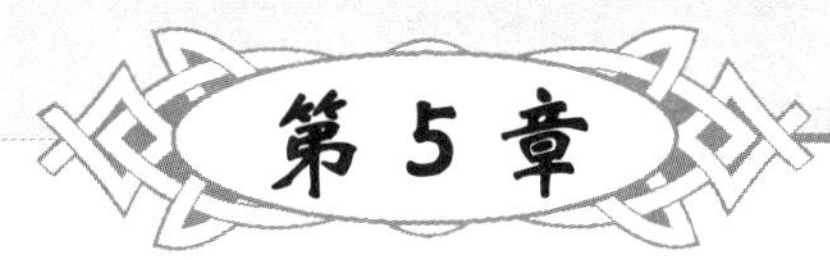

沟 通 礼 仪

学习目标

1．了解非语言沟通的技巧。
2．熟悉日常行为的语言沟通方式，并在不同场合中灵活运用语言沟通的礼貌用语。
3．掌握语言沟通的特点与原则，提高职业修养和沟通水平。

人际沟通是指人们在共同活动中彼此交流各种信息、观念、思想和感情的过程，是人们彼此取得了解、信任和建立良好人际关系的重要手段，这种交流主要通过语言、表情、手势、体态及社会距离等来实现的。沟通是人与人之间的信息交流，是在两个或更多人之间进行的事实、思想、意见和情感的交流。人际沟通是人际交往的起点，也是建立人际关系的基础，人际沟通的方式可分为语言沟通和非语言沟通。在医务工作中，医务人员与同事、患者及患者家属之间的沟通非常重要，如果不加注意，往往会导致沟通失败，甚至出现医疗纠纷。

5.1 语言沟通礼仪

在社会交往中，语言沟通是人们广泛使用的沟通方式，它使人们的沟通不受时空限制，是其他任何沟通方式都不可替代的。医务人员在日常工作和生活中通过多种沟通方式和同事、患者或患者家属进行交流，协调好各种工作和人际关系。

5.1.1 语言沟通的内容

语言沟通的内容往往根据交往双方的具体情况而定，话题繁多，但是医务人员与患

者的沟通是有特定要求的，具有职业特性。大致分为信息沟通、情感沟通和观念沟通三个方面。

1．信息沟通

信息沟通对患者很重要，医务人员应高度重视信息沟通。

1）环境信息。患者入院以后，对医院的环境是陌生的，容易产生恐惧、焦虑的心理。医务人员可以帮助患者尽快熟悉病区环境，将相关信息告知患者，如住院的规章制度、医院及病区的环境、病友的相关情况等。

2）病情信息。患者知道自己患病后，希望得到更详细的病情信息，会进一步向医务人员询问与治疗有关的问题，如主管医生的水平、用药情况及同类疾病的治愈率和复发率等。医务人员应该站在患者的立场上，尽量满足患者的要求，但是也要谨慎行事，掌握保密原则，不该说的话不说，避免加重患者心理负担。

3）知识信息。医务人员是普及医学知识的宣传员，在与患者交往时，可以宣传疾病的预防措施和治疗方法，并对患者进行有计划的健康教育，使患者重视身心健康，提高生命质量。

2．情感沟通

马斯洛需求层次理论说明，患者的需求是多层次的。医务人员要想满足患者情感沟通的需要，调动患者的内在积极因素配合治疗，达到较为理想的治疗效果，可以从以下几个方面与患者进行情感沟通。

1）尊重。若要形成良好的医患关系，医务人员必须尊重患者，恭而敬之，才会得到患者的尊重，提高患者的依从性。尤其是在做检查的时候，若需要暴露患者的身体，应该做好解释工作，不可忽略患者的存在，如做妇科检查时，患者要求医务人员把窗帘关好，如果医务人员不予理睬，患者会感到被轻视。

2）激励。从建立医患关系开始，当患者做出有利于治疗的言行举止时，医务人员应给予鼓励和认同。根据教育学的观点，激励可以通过物质、荣誉、情感、关注、赞同等方式实施，医务人员可以灵活地运用。

3）宽容。宽容主要从宽厚、大度几个方面来体现。患者因身患疾病会呈现以自我为中心，过度依赖、兴趣狭窄，苛求于人、过度敏感等心理行为退化表现，期待医务人员给予更多的照顾和关心，医务人员应遵循“待己者，当于无过中求有过；待人者，当于有过中求无过”，充分理解患者的生理、心理和精神方面的改变，满足患者的需要。要说明的是，宽容患者不代表对患者无理取闹时的一味忍让。

3．观念沟通

1）科学健康观。医务人员在治疗和护理中介绍疾病知识等环节，实际上是向患者推广科学健康观念的过程，目的是提高患者自我保健意识，增加预防疾病知识，了解新的健康观念，提高生命质量。

2）维护权利观。医务人员与患者都有自己的合理和必要的权利，关于权利观的沟通，医患双方应该换位思考，医务人员应该对患者的维权行为给予配合，同时患者也应该理解医务人员的工作。

3）医疗风险观。医疗风险观是指在诊疗过程中医患双方对医疗风险的认识和态度。尽管目前医疗水平发展迅速，但现代医学对人类疾病仍然有不易攻克的难关，要治愈病症，医务人员的执业风险是不言自明的，医务人员共同担负着与患者沟通、解释风险存在的义务。

5.1.2 语言沟通的特点

1．目的性

目的性是指人们进行语言沟通时，往往带有一定的目的或动机，也可以是思想交流等。医务工作中的语言沟通更应该明确目的，直奔主题，不能拖延治疗时间，浪费患者的宝贵精力。

2．互动性

互动性是指语言沟通不是单方面的说话，而是需要交流的，双方都积极参与，不仅要准确完整地表达自己的思想或态度，更要专心倾听对方的思想或态度，准确而深入地理解对方语言中传达的信息。医务人员在与患者进行语言沟通时，要争取获得患者的密切配合，才能在短时间内了解患者情况，从而确定护理措施。

3．广泛性

广泛性是指语言沟通内容广泛，沟通对象不受限制，时间和地点也可以自由选择，随时都可以与人进行语言沟通。医务人员在工作中随时会碰到患者提出的各种问题，都要根据实际情况进行恰当的回答或处理。

4．程序性

程序性是指语言沟通中一般都有一定的礼仪程序。例如，面对面沟通前会相互打招呼，电话交流前要先确定对方的身份等，有一些重要或特殊场合，更要讲究沟通步骤，有条不紊地完成各项工作；进行大型手术操作时，随着手术按计划推进，护士与医生沟通的内容也会相应地发生变化。

5.1.3 语言沟通的原则

1．道德性原则

各行各业都有自己的职业道德规范，医务人员的语言首先应该遵循医务工作中的道德要求。我国唐代孙思邈所著《备急千金要方：大医精诚》中记载：“夫为医之法，不得多语调笑，谈谑喧哗，道说是非，议论人物，炫耀声名，訾毁诸医，自矜己德，偶然治瘥一病，则昂头戴面，而有自许之貌，谓天下无双，此医人之膏肓也。”医务人员在治疗和护理过程中与患者沟通应该做到以下几点。

（1）目的明确

目的明确是指医务人员在治疗与护理过程中要围绕患者有关病情、健康问题和护理方面的问题，而不应涉及与此无关的问题。

（2）保守秘密

保守秘密是指医务人员在治疗与护理过程中要注意保护患者的隐私，不主动打听与治疗、护理无关的患者隐私，对已了解的患者隐私不擅自泄露给无关人员；注意保守医疗秘密，不该告知患者的事情不多嘴，如诊断、化验结果、重大政治措施的决定等，不随便向无关人员透露；保护医务人员的隐私，不与患者谈论医务人员的私生活，包括婚姻、家庭及亲友等。

（3）准确稳妥

准确稳妥是指医务人员在语言沟通中应注意表达准确、不含糊，对于患者的病情既不夸大也不缩小。

医务工作人员工作压力大，可能受生理、家庭、人际关系等多种因素的影响，会出现烦恼、情绪低落等影响交往的因素。因此，医务人员应该加强个人修养，注意调整自己的情绪，不要把负面情绪转嫁到患者身上。

2．通俗性原则

医务人员在与患者交谈时应坚持通俗性原则，即根据患者的认知水平和接受能力，用形象生动的语言、浅显贴切的比喻，循序渐进地向患者讲述健康保健知识。医务人员在与患者交谈时，忌用医学专业术语或医院内常用的省略语。例如，为癌症患者实施心理健康咨询时，可以把免疫学中对癌细胞的抵抗作用形象地比喻为“总司令（大脑）调遣和指挥军队（免疫系统），抗击外来敌人的侵犯”等。

3．科学性原则

科学性原则是指医务人员在交谈中引用的例证或资料都应有可靠的科学依据，不要把民间传闻或效果不确定的内容纳入健康指导；在交谈中不要歪曲事实，不要把治疗效果扩大化，也不要为了引起患者的高度重视而危言耸听。

4．情感性原则

“感人心者，莫先乎情”，语言始终伴随着情感，亲善是医务人员语言的情感风格，如对胆小的患者可用儿童语言与他交谈，要避免用“不听话就给你打针”之类的语言来吓唬他们；对有口鼻疾患、说话困难而又有恶臭气味的患者，不要回避他们；对经常指责医务人员工作的患者，不要讨厌他们；对出现焦急、忧虑情绪的患者，不要嫌弃他们。

5．委婉性原则

委婉是指人们为了使对方更容易接受自己的意见，以委婉的方式表达语义的语言表达方式。医务人员对患者不是任何情况下都应该实话实说的，尤其是在患者的诊断结果、治疗方案和疾病预后的问题上，更要注意谨慎、委婉。谈及患者的死亡时，医务人员应尽量避免使用患者或患者家属忌讳的语言。选择什么语气，采用哪一种句式，用什么言辞，以及修辞方法等，才能减少患者的心理负担，减少和防止医患纠纷的发生，都是需要医务人员考虑周全的。

6．严肃性原则

严肃性原则是指医务人员语言的情感表达，应具有一定的严肃性，要使人感觉端庄、大方、高雅，在温柔的语态中要带几分维护自尊的肃穆，才能体现出“工作式”的交谈。如果说话声调过于抑扬顿挫或很随便或肢体语言过多且矫揉造作，都会给人不严肃的感觉，使患者产生不信任感。此外，医务人员工作期间不要与患者漫无目的地长时间闲聊。

7．幽默性原则

幽默可以改善血液循环，激发免疫功能，增强机体抵抗力。许多接受过幽默治疗的患者说幽默是一剂良方，可以使人从痛苦的经验和情绪当中挣脱出来。医务人员根据环境气氛、患者的病情、性格等适当运用幽默，可以有效地表达医务人员的意见，调动患者的愉悦情绪，取得事半功倍的效果。

5.1.4 语言沟通技巧

医务人员在生活与工作中与患者进行语言交流时，需要掌握一定的沟通技巧，才能产生及时、有效、妥当的效果。

1．提问技巧

1）开放式提问。开放式提问是指提出比较概括、范围较大的问题，对回答的内容限制不严格，给对方以充分自由发挥的余地。这样的提问比较宽松，不让人感觉唐突，也非常得体。这种方法多用于谈话的开头，尤其是面对陌生人，在双方不熟悉、宽松环境的情况下，提问和回答更容易进行，如使用“什么”“为什么”“能不能”“愿不愿意”等来发问，可使对方敞开心扉，既不会感觉无话可说，又能拉近双方心理和感情的距离。

2）封闭式提问。封闭式提问是指提问具有针对性，对回答的内容有一定限制，提问时给对方一个框架，让对方在可选的几个答案中进行选择。封闭式提问能够让对方按照指定的思路去回答问题，而不至于偏题或跑题，如“有什么药物过敏吗？”“经常感觉到头晕吗？”等，答案可以是“有”或者“没有”，“是”或者“不是”等简单词语，以缩小讨论范围，获得特定信息从而了解真实情况。在临床医务工作中，向患者了解病情或治疗情况时，封闭式提问可以让医务人员尽快获得想要了解的信息，但是难以获得其他信息。因此，在条件允许的情况下，要采用开放式提问和封闭式提问相结合的方法，以便快速而全面地收集信息。

2．回答技巧

回答问题的能力不是与生俱来的，需要努力学习和熟练掌握有关的技巧，在人际交往中，一般情况下都能做到随问随答，不需要做太多的思考，如“今晚要上课吗？”“您要喝水还是要喝咖啡？”等问题基本可以马上回答。但是，很多时候回答问题要注意一些方式和技巧。

1）确定提问的内容。在日常生活中，往往有些人在回答问题时总能快速作答，似乎反应很敏捷，但有时是答非所问，说了半天仍让人不知所云，这就是没有弄清提问者的真正意图。例如，护士长问刚工作一个多月的护士冯芸："能适应我们科的工作吗？"冯芸马上想到今天早上上班迟到了："不好意思，今天我因为没有赶上公交车而迟到了。"护士长一头雾水："我只想了解你对工作的看法，看有没有能帮助你的。"

2）找到隐藏的含义。在日常社会交往中，我们经常会碰到一种人，由于不擅长语言表达，或因为顾虑提问者的问题，或者直接把自己真实的想法隐藏在问题背后，这时就需要应答者具备敏锐的观察力和高超的沟通技巧，在快速领会提问者的本意后做出适合的回答。若要达到这个水平，需要应答者在交流中注意观察提问者的言行举止，要充分学习和利用交谈中的非言语信息，便于更充分地了解对方的意图。

3）尽量积极和简洁。回答问题尤其是回答上级质询时，一定要积极主动，简单明了地回答，最好不要使用"可能""也许"等意思含糊的词，要能给出具体明确的答案，让对方感到你沟通的态度是积极的、明确的。此外，在进行语言沟通时，尽量多用短句，或者先说结论，再说过程，这些能有效地让语言简洁明了。

3．幽默技巧

医务人员在日常工作中采用适当风趣、幽默而又坦诚的语言，不仅能活跃工作气氛，加强同事之间的关系，还能缓解患者因疾病产生的压力和痛苦，增强患者对治疗的信心，提高患者配合治疗的主动性和积极性。

1）乐观自信。幽默感属于具有乐观信念和高尚情趣、对人生充满自信和热情的人，一个思想消极、心胸狭窄，一切以个人利益为中心的人是不会有幽默感的。

2）博览群书。现代社会信息快速发展，只有掌握丰富的知识，才能在各种场合与不同职业类型的人员进行交流时得心应手，从容自如，否则就只能静候一旁，听他人热烈交流。

3）快速反应。出其不意是幽默表达的核心，需要有意识地训练对问题的分析能力和快速应变能力，加强对事物的辨析和联想能力，让表达的内容既合乎情理，又在意料之外。

4）社会实践。社会实践是一门学问，社会实践多的人能学习更多的社交知识，积累更多的社交经验，尤其是多接触风趣幽默的人，就能在潜移默化中接受其影响，在不知不觉中提高幽默表达的能力。

5.1.5 文明用语

1．基本十字服务用语

基本十字服务用语包括"请""您好""谢谢""对不起""再见"。

2．文明服务规范用语

文明服务规范用语主要包括以下几句。

1）您好，请问您需要什么帮助？

2）对不起，稍等一下。

3）对不起，您有零钱吗？

4）对不起，请您再说一遍好吗？

5）对不起，请排好队。

6）请问您需要查询什么？

7）请问您哪里不舒服？

8）请稍等，我马上给您看。

9）别着急，您慢慢说。

10）我再与您核对一遍。

5.1.6 医务人员常用语言

1. 医务人员礼貌用语

医务人员礼貌用语包括同志（先生、女士、老人家、小朋友）、您好、请拿好、请放心、您慢走、对不起、请进、请坐、请稍等、谢谢您的配合、请谅解等。

2. 医务人员禁忌用语

（1）尊重患者，礼貌、客气地对待患者

医务人员区分不同患者，称呼准确，必须使用“请”“您”“对不起”“谢谢配合”等文明用语。禁止使用不尊重患者的命令式和无称谓的语句，如“还没到时间呢，都出去”“在这儿签个字，快点”等。

（2）充分理解和体谅，不刺激患者

医务人员不应激化矛盾，应尽可能消除患者的心理压力和不稳定情绪。禁止使用侮辱人格、讽刺挖苦、让人羞涩的语句，如“快点，快点”“你这样的病我们见多了，没什么了不起的”等。

（3）处处为患者着想，耐心做好解释工作

医务人员在面对患者时的语气要和缓，尽力消除患者的忧虑。禁止使用表现不耐烦、语气生硬的语句，如“这病有点儿耽误了，早点来就好了”；“就是这么规定的，你懂不懂”“材料不齐，拿齐了再来”。

（4）积极为患者排忧解难，从实际出发

医务人员要从患者需要出发，尽可能为患者提供方便和帮助，不推卸责任，不敷衍患者。禁止使用不负责及含糊不清、增加疑惑的语气，如“快下班了，明天再说吧（没上班呢，等会儿再说）”“设备坏了，我也没办法”“你这病没什么太好的办法”“这病也许不要紧（这病也许没啥大事！）”。

5.1.7 电话礼仪

1. 接听电话

电话一般控制在铃响三声之内接听，否则会被认为失礼。电话在第三声铃响之前接听，会让打电话的人觉得你很重视他的时间。

2．问好

接听电话者拿起电话首先要问好，打电话的人应马上回应。如果是在工作单位接听电话，在问好之后还需要介绍说明医院或科室的名称。

3．注意语调

电话沟通时语调和表达能力十分重要。无论打电话还是接电话，语调都应该平稳柔和、亲切礼貌，不要装腔作势，娇声嗲气，更不要嘴里吃着东西讲话。

1）电话接起来后，不管是不是熟悉的声音，都应当询问并确认对方的身份，如“请问您是哪里的？”“我可否知道您的单位名称？”“请问怎么称呼您？”避免使用“你哪里？”“你找谁？”“你有什么事？”等问题。

2）听不清楚对方讲话时，可询问“不好意思，可否麻烦您再重复一次？”“不好意思，可能是我的电话有些问题，可否请您大声些？”。

3）结束电话前，应征求对方的意见，如：“××先生，您看还有什么需要我为您做的？”

4）结束电话时，可说：“××先生，谢谢您的来电，再见。”“××先生，与您通话真的很愉快，我学到很多东西，希望以后还有机会与您交流。我会再给您打电话，谢谢您，再见。”

5.2 非语言沟通礼仪

非语言沟通普遍存在于人际交往和互动的过程中，是通过声调、语气、面部表情、目光、躯体姿势和动作等非语言符号传递信息的沟通形式，其具有语言沟通所不能替代的作用和价值，非语言沟通往往更能流露沟通者的真实情感。

5.2.1 非语言沟通的内容

在人际交往的过程中，参与人际沟通的非语言形式非常丰富多彩，身体的姿态和动作、面部表情与目光、人际的空间距离、仪表的修饰、声调的抑扬与缓急、手势的指向与变化等，这些都是人际沟通中不可忽视的非语言符号，非语言沟通包括以下几方面内容。

1．目光

目光是人际沟通中重要的非语言沟通方式之一。人们常说眼睛是心灵的窗户，当双方眼睛相互凝视时，通过不同的眼神、视线的方向及注视时间的长短，就可以表达及识别出双方内心的信息。人们可以有意识地控制自己的语言，但往往很难控制自己的目光。

2．面部表情

面部表情是可以完成精细信息沟通的非语言形式。面部表情常可以清楚地表达人的喜、怒、哀、乐、悲、恐、忧，并很容易被人们理解和察觉，是人们在人际沟通中理解对方情绪状态有效的途径之一。面部表情一般是随意的，但经过训练，有些人也能有意识地控制自己的面部表情。因此，面部表情表达的情感有可能与沟通者内心的实际情况不一致。

3．身体的姿势及运动

身体的姿势是指人们运用身体或机体的姿态来传达信息、表达情感及态度的非语言形式。身体运动是指通过坐、站、行、走及肢体的运动来传达信息、表达情感的非语言沟通形式。在人际交往中，一些肢体运动形式往往表达出约定俗成的含义。例如，摆手表示制止或否定；双手外摊表示无可奈何或没有办法；双臂外展表示阻止或要拥抱；挠头往往表示困惑或疑问不解；搓手表示紧张；拍头表示自责；耸肩表示不以为然或无可奈何等。在各种非语言沟通形式中，身体运动是最先被人们发现的非语言形式。

4．体触语

体触是指人们通过身体接触或抚摸等动作来表达情感和传递信息的一种非语言形式，体触与常见的形式包括抚摸、握手、偎依、搀扶（图 5-1）、拥抱等。但由于人们对身体接触的感觉最为敏感，且体触受家庭、年龄、性别、文化等多方面因素的影响，不同的人对体触的理解、适应和运用是有差异的。

图 5-1　搀扶

5．辅助语言和类语言

辅助语言包括声音的音质、音量、声调、语速、节奏等。类语言是指虽然有声，但无固定意义的声音，如哭声、笑声、咳嗽、呻吟、叹息等。辅助语言和类语言能强化信息的语意、分量，表达一些语言本身所不能表达的含义，在沟通过程中起着十分重要的作用。在人际交往中，同样的语言信息往往因为其语调、音高或语速的不同，而表达的意义和情感迥然不同。一般来说，人们在焦虑或激动时，说话速度快，音调高；而在抑郁时，说话语速减慢，音调减低。在快乐、紧张或害怕时说话比较快，而在不确定或强调重点时说话比较慢。

6. 服饰

服饰在人际沟通中，往往能以一种直观而直接的方式明显地表达出个人内在的文化素养和审美情趣，以及其身份地位、经济、实力等信息，表现个人的心理和社会特征。例如，深沉稳重的人，穿着往往比较庄重、大方；活泼开朗的人，衣着则会比较新颖、别致。

7. 颜色

由于色彩所具有的独特视觉效果，人们在看到不同颜色时，往往会产生不同的情绪反应，即颜色具有表情性。例如，红色、橙色、黄色等暖色系的颜色，能给人温暖的感觉，而蓝色、绿色、青色、紫色等冷色系的颜色，会使人感到宁静。不仅如此，由于社会文化和个人理解的影响，颜色还被赋予一定的含义，如：红色象征着吉祥、热情，同时也意味着流血、暴力及危险；绿色象征着生命、和平，往往和活力、生长、青春、希望等相联系。在人际交流中，人们会根据交往的对象及目的来选择自身服饰的颜色和周围环境的颜色，以便更好地烘托气氛，表达自我。

8. 气味

在人际沟通中，气味对于双方的心理感受也有很大的影响，不同的气味可以引起人们不同的情绪反应，并产生联想、想象。一个散发着淡淡香水味的女性，往往使人感觉这是一个有着较高生活品质的人；一个散发着浓郁香气的女性，则容易使人产生庸俗、轻浮的印象；而人们往往对于口臭、汗味重的人，或者口中散发大蒜、韭菜等味道的人敬而远之。

5.2.2 非语言沟通的特点

1. 普遍性

语言是人类文明的产物。如果说利用语言进行沟通是个体社会化过程中学习的结果，那么非语言沟通更接近人类的本能。每个人在成长过程中都自觉或不自觉地具备了非语言沟通的能力，并把它用在与他人的交往中，如婴儿在学会说话前就可通过脸上的表情、具体的活动来表达自己的感受和需要。相关研究表明，虽然各国各民族的语言不相同，但非语言沟通具有很强的共享性与面部表情，被人们视为“世界语”。

2. 真实性

在人际沟通中，语言所传达的信息大多属于理性层面，沟通者往往出于各种原因，对语言进行有意识的控制，说出的话并不一定表露的是个人的真实感受和意向；非语言行为则一般没有受到有意识的控制，有时甚至完全处于无意识之中，如害羞时满脸通红，害怕时脸色苍白、手脚发抖等。因此，在人际沟通中，非语言行为相对来说更真实，传递的信息也更可靠。

3．实用性

非语言符号的实用性可以体现在两个方面。一是非语言符号的信息负载量远远大于语言符号，在人际交往中千言万语往往不及一个关注的眼神或一个唇边的微笑，更多的时候人们用一个拥抱、一个握手来表达无尽的情绪和感受，即“此时无声胜有声”。二是非语言符号可以表达语言符号所不能表达的信息和情感，语言是苍白的，是个体在人际沟通中常常体验到的语言表达困境。尤其是在经历强烈的情绪体验时，沟通者所选择的往往是用目光、表情、动作等非语言形式来传达情意和信息。

4．民族性

尽管非语言符号有着一定程度的共享性，但同时它又受人类文化环境的制约，因种族地域、历史文化、风俗习惯等因素的影响而具有鲜明的民族性。不同的国家地区，不同的民族，其非语言沟通在表现形式和所表达的内涵上往往都体现出各自不同的文化特色，并形成了特有的非语言沟通符号。

5.2.3 非语言沟通的技巧

非语言沟通在人际互动中包含丰富的内容和意义。在医患交往中，医务人员除了需要熟练掌握语言沟通技巧，还需要正确地运用非语言工具提高自己语言的表达能力和感染能力，使用非语言沟通时的主要策略有以下几点。

1．避免不适当的非语言动作

在人际交往中，相较于语言信息，非语言信息带给对方的感受往往更直接、更深刻，更能反映出一个人为人处世的道德品貌和精神气质，因此人们在交往中对对方印象的形成更多的是来源于非语言行为的观察和理解。例如，一个人工作能力很强，但是在人际交往时坐没坐相、站没站相，说起话来摇头晃脑，全身乱动，给人的印象就会大打折扣。在人际交往中，人们约定俗成地对某些动作比较忌讳，如在大庭广众下打哈欠、伸懒腰、挖鼻孔、掏耳朵等习惯或动作，都将对沟通效果及个人良好形象的确立产生不良的影响。此外，在交谈中，为了增强语言沟通效果，人们通常会使用语调、语速或重音的改变或辅之以手势及其他身体动作。但应注意的是，凡事“过犹不及”，如果这些动作过多就会喧宾夺主，影响交流的效果。因此，在人际交往中，我们要时刻关注自己的身体语言，避免一些不适当的动作和无意识中流露的不雅表情，从而塑造自己良好的人际形象。

2．协调使用各种非语言信息

由于非语言信息的语义含蓄且丰富，在人际交往中，某个非语言信息究竟是何含义，如何孤立地去理解，往往很难说清楚，只有把它放在特定的、整体的语境中去分析，并

和其他非语言信息综合来看，才能准确把握。在人际交往中，沟通者在观察他人的非语言符号时，要注意把对方的各种非语言形式联系起来整体分析；自己在运用非语言符号时，更要注意协调使用，如在谈话时，同时运用眼神、手势、面部表情、空间距离等。需要特别注意的是，在综合使用多种非语言沟通形式时，不能使各种符号相互矛盾和冲突，而要使之相互协调，只有这样才能达到理想的沟通效果。

3．积极关注对方的反馈

在人际交往中，人们往往倾向于用语言符号传达客观信息及观点想法，而使用非语言符号表达态度、情绪和情感，并形成表达自己的独特方式。因此，我们在与人交往时必须时刻关注对方目光、面部表情、身体动作的细微变化，这些非语言信息常常就是对方对此时沟通信息和情景真实理解、感受的反馈，而只有当反馈被充分关注并正确接受和理解时，有效的信息交流才能在人际沟通中形成。

4．注重非语言信息和语言信息相结合

强调非语言信息在沟通中的重要作用，并不等于语言沟通信息不重要，相反，在人际交往中，语言沟通和非语言沟通是同时进行的。因此，想要沟通真正有效，就必须自觉地把二者有机地结合起来。例如，正式谈话时，要注意服饰整洁大方，给人良好的第一印象，谈话的内容要合理，行为动作要规范、礼貌，不能太粗鲁；说话速度要适中，讲究抑扬顿挫，关键之处要以重音、声调等强调或重复。总之，语言符号要与非语言符号有机结合，二者相得益彰，才能更有效地促进人们之间情感的交流。

5.2.4　医务人员的非语言沟通修养

由于非语言沟通在人际交流中的作用和价值，医务人员应该自觉地注重自己的非语言沟通修养，提高非语言沟通技巧，以便更好地了解患者的需求，建立富有支持性的医患关系，为患者提供高质量的医疗服务。

1．重视第一印象

由于信息出现的先后顺序对印象的形成具有重要作用，而最初出现的信息影响最大，第一印象会影响人们对其后出现信息的理解，并决定了对他人的整体感觉与态度，即所谓的先入为主。在第一印象的形成过程中，人们最先感觉到的是外貌、行为举止、目光接触、面部表情等非言语信息。医务人员应重视训练自己的非语言表达能力，争取给患者树立良好的第一印象，赢得患者的初步信任，为以后的沟通和交流奠定良好的基础。

2．尊重患者

医务人员在与患者的沟通中，应尊重患者在人际交往中的情感感受和体验，要善于通过患者的面部表情、动作、目光及身体的姿势等各种非语言符号，判断患者的情绪状况和身心感受。在与患者的沟通中，对其病痛给予理解和关心，对患者身心的康复具有积极的意义。

3．行为得体

非语言沟通的有效性与适度得体的使用密切相关。非语言行为受到民族文化、风俗习惯、交往情境的影响，同时，个人性格、心理状况对沟通情境的理解与感受、交往双方关系发展的阶段等都影响非语言行为的表达和解读。因此，在人际交流中，要注意非语言行为表达的适度性和得体性，使用时要因地制宜、因时制宜、因人制宜，既要注意非语言形式的恰当性，又要注意具体使用程度的恰当性。只有这样，才能达到预期的沟通效果，促进人际交往的良性发展。

4．注重实效

不管是面部表情还是姿势动作，在与患者的交流中，医务人员的非语言行为应注重实际沟通效果，如有的医院把微笑作为职业礼仪并要求医务人员对每位患者微笑。但实际上，只有发自内心的、和沟通情境相适宜的微笑才具有感人的力量，刻板的、职业性的微笑并不能有效地缓和医患关系，其他非语言沟通形式也是如此。因此，医务人员在使用非语言沟通形式时，要真正了解患者的需求，体会沟通情境，判断沟通中患者真实的情感体验和感受，从而选择恰当的非语言形式，是微笑着注视，还是轻轻地触摸，是默默地陪伴，还是体贴地离开，这些形式的选择都要关注其行为表达后的效果，判断其对医患关系的实际作用和影响。

课后练习

1．语言沟通的原则是什么？
2．非语言沟通的特点是什么？

本章小结

本章系统地介绍了语言沟通和非语言沟通，包括语言沟通的内容、特点、原则与技巧，以及非语言沟通的内容与特点，并详细介绍医务人员应具备的语言沟通的礼貌用语和非语言沟通的修养。随着医学模式的转变，医学已由单纯的生物医学模式向心理、社会领域扩展，医务人员的形象、言谈举止，都会对患象的身心健康产生直接或间接的影响，从而影响医疗效果。

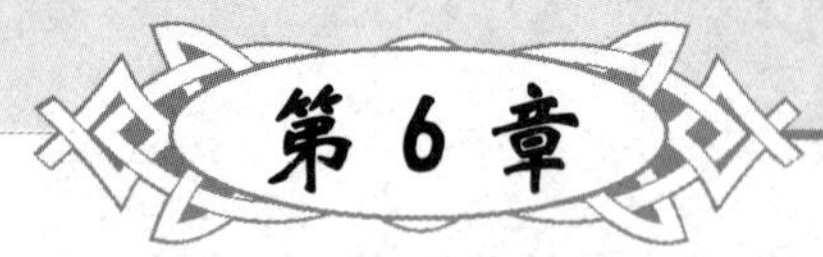

日常交往礼仪

学习目标

1. 熟悉工作过程中称谓礼仪、握手礼、名片礼仪的基本要求。
2. 掌握介绍礼仪的规范。

日常交往礼仪是人际交往过程的第一步，是给对方留下良好第一印象的关键，了解交往时的一些礼仪规范，可以使日常交往有一个良好的开端。医务人员在日常生活中注意交往的基本礼仪规范，可以拉近医务人员与患者之间、与同事之间的距离，有助于今后交往、工作的顺利开展。

6.1 日常交往礼仪修养

日常交往礼仪修养是指一个人在社会交往实践活动中，根据一定的社交礼仪原则和规范自觉地学习和训练，使自己养成一种时时事事按礼仪要求待人接物的行为习惯的过程。这个过程不仅包括对礼仪的学习、练习，还包括将所习之礼培养成为一种品性的过程。一般来说，日常交往礼仪修养应着重于知、情、行的统一，并注重运用以下方法。

1. 树立学习礼仪的意识

在明确礼仪重要性的基础上，最关键的是树立长久的“习礼意识”，处处留心，时时经意。礼仪是一个社会文化沉淀的外显方式，经历了传承变异的过程，它的习得首先是个体的“社会化”过程，是一个人依靠传统认知及有意无意的模仿，在交际实践中不断地学习摸索，并逐渐总结经验教训而习得的。

2. 陶冶尊重他人的情感

在礼仪修养过程中，情感是由知到行的桥梁。陶冶情感就是使受教育者产生一种尊重他人的真挚情感，能够时时处处为他人着想，对他人始终抱有一种热情友好的态度。我们都有这样的体验：在人际交往中，如果遇到一个对人热情诚恳的人，就能与其建立一种良好的关系；相反，如果碰到的是一个冷漠或虚情假意的人，则难以产生融洽交流的气氛。一个人可以快速地了解一些礼仪方面的知识，但若缺少对人的情感，他就无法将这些礼仪形式圆满地表现出来，这些形式也就成了没有灵魂的躯壳。因此可以看出，情感比认识具有更大的保守性，改变情感比改变认识要困难得多，陶冶情感是礼仪修养中最为艰巨的一项任务。

3. 锻炼履行礼仪的意志

要使礼仪规范变成自觉的行为，没有坚韧不拔的意志是办不到的。意志坚强的人能有效地控制自己的言行，特别是在不顺利的情况下也能不畏困难，始终按照自己的信念待人处世。同时，还要有意识地摒弃不合礼仪的旧习惯，养成遵从礼仪的新习性。

习性是一个人行为方式的自动化，是不需要多加思索和意志努力的行为方式，受人的性格核心层和中介层的支配与制约。一个人的行为习惯是其观念、态度下意识的表现。习性具有一定的稳固性，但通过意志努力可以使之改变。因此，不该以"习惯成自然"为由，姑息放任那些不合礼仪的坏习惯，而应从思想观念上加以重视、加强礼仪意识，牢记坚强的意志是保证实现礼仪规范的精神力量。

4. 养成遵从礼仪的行为

礼仪规范是为维护社会生活的稳定而形成和存在的，反映了人们的共同利益要求。不论身份高低、职位大小、财富多寡，每个人都应有自觉遵守、运用礼仪的义务，都要用礼仪规范自己的一言一行、一举一动。如果违背了礼仪规范，就会受到社会舆论的谴责，交际也就难以成功。

6.2 日常交往礼仪概述

在日常交往中，相识者与不相识者之间往往需要以一定的形式向对方表示尊重、友好、关心及敬意，即见面礼。

在不同的社交环境和文化背景下，见面礼是不同的。在我国，通常采用握手礼、鞠躬礼、拱手礼、注目礼等礼节来表达对对方的尊重与友好。

6.2.1 称谓礼仪

称谓是指人们在日常交际中彼此之间所用的称呼语，它是人际交往的桥梁和纽带，也是交往成功的重要环节。称谓既属于道德范畴，又涉及礼仪范畴。在日常工作和生活中选择正确、恰当的称谓，可反映一个人的文明和教养，以及对对方的尊敬程度，并可

折射出社会的文明和风尚。根据社交礼仪的规范，选择正确、适当的称呼，需要注意三点：一是要合乎常规，二是要照顾习惯，三是要入乡随俗。

1. 称谓的作用

(1) 启动交谈，表示尊重

在人际交往中，称谓起着启动交谈的作用。得体的称谓可表达交谈双方相互尊重的意思，使交谈双方感情融洽、心灵相通，利于交谈的顺利展开。

(2) 彰显修养，缩短距离

在社交场合，使用符合他人身份和年龄的称谓，可表现出自身的修养、学识，体现出对他人的尊重，并反映出双方关系发展的程度和深度。

2. 称谓的原则

(1) 使用尊称，文明礼貌

使用尊称是人际交往的基本原则之一，每个人都有自尊心，并希望得到他人的认可和尊敬。礼貌、得体的称谓，恰好表达了对他人的尊重，同时表现出自身文明、守礼的社会交往素养。例如，交谈时使用“您”的作用比“你”大得多，可大大提高办事效率，“校长您”“师傅您”又比单用“您”更能显出对人的尊重。

(2) 称谓得体，尊崇长幼有序

中华礼仪文化对人们的影响深刻而久远，长幼有序、敬老爱幼一直是人们交往中遵守的原则。对相当于父辈者，可称其为伯伯、叔叔、阿姨；对同龄者，可称对方为姐妹、兄弟；对晚辈，可称其为贤侄、侄女；对副职管理者，可免称“副”字。在人多的场合，打招呼的次序为先长后幼、先高后低、先女后男。

(3) 选择称谓，适度恰当

根据会面场合、双方关系等，选择适当的称谓是交往礼仪的重要原则。例如，对产业工人、厨师，称其师傅恰如其分；对教师、军人、医生，称其职业或职衔更显尊重。

3. 称谓的方式

(1) 国际通用称谓

1) 通称。国际上称谓不受年龄的限制，通常称成年男子为先生，称已婚女子为夫人、太太或女士；称未婚女子为小姐；对婚姻状况不清楚者，泛称小姐或女士。

2) 职衔称谓。职衔称谓，国内外都有应用，它可表示对人的尊重、爱戴。对高级官员一般称阁下，也可称职衔或先生；对有地位的女士可称夫人，对有高级官衔的女士，也可称阁下；对其他官员，可称职衔或先生、女士等。对有明确职务者的称谓可单独称其职务、职称或学位，如×××院士、×××教授、×××医生等。

3) 惯用称谓。对君主制或君主立宪制国家的国王、皇后，可称为陛下；王子、公主、亲王等可称为殿下；对有公、侯、伯、子、男等爵位的人士既可称其爵位，也可称其阁下或先生。

此外，对有同志称谓的国家应在姓名后加“同志”二字，如×××同志。

（2）国内通用称谓

1）通称。除应用先生、女士、小姐等国际通用称谓外，还可称同志。另外，在学校学习或服役官兵可互称同学、战友等。

2）敬称。在交往中为体现对他人的尊重，可用您、尊、贵、贤、兄、令等称谓称呼对方。

3）谦称。中国礼仪注重谦虚、内敛、自省，在称呼自己和家人时，常用谦称。例如：称自己的住处为寒舍；称自己的长辈为家父、家严、家母或家慈；称辈分较低级的家人，常用舍、犬、小等谦称。

4）职业称谓。在社会交往中，为了表示对对方职业、劳动技能的尊重，通常可直接称其职业，或姓氏后加职业名称，如×××护士、×××医生、×××老师等。

5）职衔称谓。在现代礼仪中，职务称谓可以分为以下三种情况：省去姓名，只称职务，如校长、局长、主任等，给人一种特别亲切的感觉；省去名字，在职务前加姓氏，如李校长、钟局长、张主任等，这样的称谓既有区分的作用，又可表达礼貌亲切，运用场合比较广泛；在职务前加上全名，有一种庄严感和严肃感，适合庆典等特别重要的场合使用，如张强校长等。

6）学术头衔的称谓。学术头衔的称谓与技术职称不完全一样，这类称谓实际是指他人在专业上的成就，可以直接称呼，如博士、院士等；也可以在称谓前加上姓或姓名，如王博士、钟南山院士等；还可在头衔前加上他们所从事的行业，如医学博士、法学博士等。

7）姓名称谓。姓名称谓可用在工作岗位上，也可用于亲友、同事、熟人间。姓名称谓可分为三类：直呼其姓名，如张前；直呼其姓，在姓前加老、大、小，如老陈、大李、小张；只称其名，不呼其姓，如良晨、小璐等。

8）亲属称谓。在非亲属间的交往中，为表达对对方的亲近、热情敬重，有时可用亲属称谓，如王奶奶、张姐等。尤其在非正式场合中，亲属称谓能拉近彼此的距离，使人感受到亲情。

4．称谓的禁忌

1）无称谓。不称呼对方，直接开始交谈或请求帮助是非常失礼的行为。

2）不恰当的称谓和简称，如帅哥、美女、哥们，上海吊车厂简称“上吊”等，使用这些称谓给人以不庄重、缺乏修养的感觉。

3）地方性称谓。北京人习惯称人为师傅，山东人习惯称人为伙计。南方人认为师傅等于“出家人”，伙计肯定是“打工仔”。因此，在公共社交场合或工作过程中，不要应用地方性称谓。

4）误会性称谓。中国内地喜欢称同志，但在港澳地区，同志有其特殊的含义；中国人称自己的配偶为爱人，外国人则将爱人理解为第三者。

5）替代性称谓。在医院里，护士喊床号“21床”，服务行业称顾客“下一个”等，这均是不礼貌的称谓，是对人一种不尊重的表现。

6）失礼的称谓。在公共场合使用小名或乳名；用绰号、昵称或蔑称，如用“土包子”等称呼对方，极易伤害交往的对象并显现出自身的低俗，缺乏教养，应绝对禁止。

7）错误的称谓。中华文化博大精深，很多汉字都是多音字，在社交场合中不要念错他人的姓氏，避免造成双方的尴尬。

6.2.2 握手礼

在不同的历史时期、不同的文化背景下，人们采用的交谈礼节不相同。为人们所熟知的交谈礼节有点头礼、举手礼、致意礼、脱帽礼、握手礼、拥抱礼、亲吻礼、鞠躬礼、注目礼、合十礼、吻手礼、吻足礼、碰鼻礼、拱手礼、叩头礼、跪拜礼、屈膝礼等。但当前在中国乃至世界各国最为通行的会面礼节只有一种，就是人们在日常生活中经常采用的握手礼。

在一般情况下，握手礼简称握手。握手最早产生于刀耕火种时期，在狩猎和打仗的时候，如遇见熟人，双方为了表示均无恶意，就放下手中的武器，伸开手掌，让对方抚摸手掌心，表明未带武器。这种简单的做法渐渐演变成今天最常用的握手礼节，成为世界各地通用的见面礼节方式，将其作为相互致意、联络或沟通的一种手段。

握手是交际的一部分。握手时的力量、姿势与时间的长短能够表达握手人对对方的不同礼遇与态度，显露自己的个性，给人留下不同的印象；也可以通过握手来了解对方的个性，从而赢得交际的主动。

因此，医务人员应学会正确运用握手的礼仪规范，表达对对方的友好态度，展示良好的自我修养，并通过握手了解对方的心态和性格特点。

1．握手的礼仪规范

在问候之后或互致问候时，双方伸出右手，彼此之间保持一步（75 厘米左右）的距离，手掌略向前下方伸直，四指并拢，拇指张开，与受礼者相握。时间不宜超过 3 秒，用力适度，上下抖动，但不要左右摇晃。同时还应特别注意上身稍向前倾，头略低一些，和颜悦色地看着对方的眼睛，以示毕恭毕敬（图 6-1）。

图 6-1　握手礼

各种场合的握手一般讲究“尊者决定”，即由身份尊贵的人决定双方有无握手的必要。握手时让上级、前辈、女士先伸出手，是对他们的尊重，即把是否握手的主动权给他们，以避免将自己的意愿强加给对方。男士、晚辈、学生、下级、客人见到女士、长辈、老师、上级、主人应先问候，等到后者伸出手后，再趋前握手。

假如女士不打算与向自己打招呼的人握手，可以欠身致意，不要视而不见，或者扭身就走，无缘无故拒绝与他人握手是失礼的。一般男士握女士的手时，可以只握手指部位。

2．握手的形式

医务人员在人际交往中应根据不同的场合、不同的对象，自觉地运用各种具体的握手样式。

（1）平等式握手

平等式握手是标准的握手形式。手掌垂直向下，双方掌心相对（图 6-2）。同事之间、朋友之间、社会地位相等的人之间，往往会采用这种形式的握手。

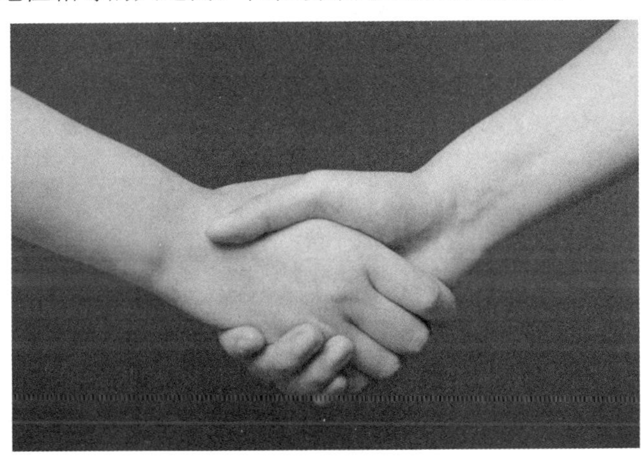

图 6-2　平等式握手

（2）双握式握手

双握式握手也称手套式握手。主动握手者用右手握住对方的右手，再用左手握住对方的手背，这样对方的手就被握在主动握手者的双手掌中间。这种形式的握手，在西方国家被称为“政治家的握手”。用双手握手的人，是想向对方传达自己热烈、深厚的感情，显示自己对对方的依赖和友谊。若左手握住对方的胳膊或臂膀，会进入对方的亲密区，则显得更加亲切、温暖。

3．握手的禁忌

1）握手时左顾右盼或眼看第三者。握手时应双目注视对方，两手相握时，通过双方的目光传递出内心的愉快和情感，并用语言配合动作和眼神，边握手边说“您好”“见到您很高兴”“欢迎您”等。

2）左手握手。与阿拉伯人、印度人打交道时要忌用左手握手，在他们看来左手是不洁的。

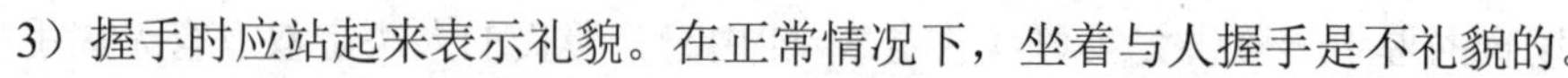

3）握手时应站起来表示礼貌。在正常情况下，坐着与人握手是不礼貌的。

4）手必须干净。与他人握手时，手应该是干净的，否则会给对方不舒服、不愉快的感觉。

5）交叉握手。多人握手时，切忌交叉握手。当自己伸手时发现他人已伸手，应主动收回，并说声“对不起”，待他人握完后再伸手相握。特别要记住的是，与基督教教徒交往时，要避免握手时与另外两人相握的手形成交叉状，这种形状类似十字架，在基督教教徒眼中是很不吉利的。同样，他们也忌讳在门槛处与他人握手。

6）戴帽子和手套。男士戴着帽子和手套同他人握手是不礼貌的，握手前一定要摘下帽子和手套。如果女士身着礼服、礼帽、手套时，与他人握手可以不摘下手套。军人与他人握手时也不必摘下军帽，应先行军礼，再握手。

知识拓展

美国著名女作家海伦·凯勒，曾以自己独特的感受描写自己与人握手的经验：“我接触过的手，虽然无言，却极有表现性。有的人握手能拒人千里，握着他们冷冰冰的手指，就像和凛冽的北风握手一样。有些人的手却充满阳光，他们握住你的手，使你感到温暖。”

（资料来源：邵宇翎，施琳霞，2018．商务礼仪[M]．杭州：浙江工商大学出版社．）

6.2.3 鞠躬礼

鞠躬礼源于中国，先秦时期就有“鞠躬”一词，当时是指弯曲身体之意，代表一个人谦虚恭谨的姿态，后来逐渐形成弯身的礼仪。西方也有这种礼仪。16 世纪前，西方礼仪以拥抱亲吻为主，但在 16 世纪发生了一场大瘟疫，为避免传染，鞠躬礼才发展起来。现在，鞠躬已成为一种比较常见的礼仪。在初次见面的朋友之间、熟人之间、主人与客人之间、上下级之间、晚辈与长辈之间，为了表达对对方的尊重，都可以行鞠躬礼。

1．鞠躬礼的要求

一般情况下，行鞠躬礼的基本要求是身体立正，行礼者和受礼者互相注目，不得斜视和环顾，手在身前搭好或放在腿的两侧，以腰为轴，眼睛向前下方看。行礼时不可戴帽，如须脱帽，脱帽所用之手应与行礼的方向相反，即向左边的人行礼时，应用右手脱帽；向右边的人行礼时，应用左手脱帽。行礼者在距受礼者 2 米左右行鞠躬礼。行礼时，身体上部向前倾 15°～90°，具体的前倾幅度视行礼者对受礼者的尊重程度而定。

现在，世界上对鞠躬礼应用最多的国家是日本。由于特殊的历史背景和地域文化，日本人形成了进出房门低头俯身、日常交际低姿态待人的习惯。对日本人来说，弯腰已成为习惯。日本人见面时行 30° 鞠躬礼，称为见面礼；分别时行 45° 鞠躬礼，称为告别礼；对长辈、上级及其他尊者行 90° 最高鞠躬礼，腰应弯到脸部几乎与膝盖平行的程度。

2. 鞠躬礼的类型

在我国，鞠躬礼分为15° 左右的鞠躬礼、30° 左右的鞠躬礼和90° 左右的鞠躬礼三种类型。

(1) 15° 左右的鞠躬礼

15° 左右的鞠躬礼又称点头礼或颔首礼，适用于在工作环境中，同事之间、路遇熟人、社交场合或同一场合碰上多人而无法一一问候时。

(2) 30° 左右的鞠躬礼

30° 左右的鞠躬礼一般用于正式社交环境和工作环境中的接待、服务，施礼者表示郑重、尊重之意（图6-3）。

(3) 90° 左右的鞠躬礼

90° 左右的鞠躬礼主要用于特殊的社交环境，如追悼会、婚礼等，表达深深敬意或隆重感谢等（图6-4）。

图6-3　30° 左右的鞠躬礼

图6-4　90° 左右的鞠躬礼

6.2.4 拱手礼

1. 拱手礼的含义

拱手礼又叫作揖礼，在我国至少已有2000多年的历史，是我国传统的礼仪之一，也是我国传统的见面礼，古代将其称为长揖。由于简便易行，极富情感色彩，沿用至今。

2. 拱手礼的要求

拱手礼的行礼方式是双手相抱握于胸前，在目视对方的同时，将拱的手向着对方的方向轻轻摇动，如图6-5所示。若要向对方表示谦恭和尊重，还可将双手向上抬至与额同高。

拱手礼一般用于喜庆的场合，如向长辈祝寿、向友人恭喜、向亲朋好友表示感谢，以及初次见面时表示久仰大名。

图 6-5　拱手礼

6.2.5　注目礼

1．注目礼的含义

注目礼是指以注视受礼者并用目送和目迎方式来表示敬意的一种礼仪。

2．注目礼的做法

注目礼的具体做法是起身立正，抬头挺胸，双手自然下垂或贴放于身体两侧，表情庄重，双目注视受礼者或随之缓缓移动。

注目礼适用于升旗、开业剪彩、揭幕迎宾等仪式和场合。在施行注目礼时，应衣冠整齐，不可嬉皮笑脸、东斜西靠。

6.2.6　拥吻礼

拥吻礼包括拥抱礼和亲吻礼，是发源于西方并与握手礼一样重要的礼仪，是见面、慰问和祝贺时常使用的礼仪。

图 6-6　拥抱礼

1．拥抱礼

规范的拥抱礼是两人在相距 20 厘米处面对面站立，各自举起右臂，将右手搭在对方左肩后面，左臂下垂扶住对方右腰后侧，两人头部及上身都向左侧微倾，拥抱时，右脸轻贴对方右脸（图 6-6）。在保持原手位不变的情况下，双方还应接着向右拥抱，再次向左拥抱。

2．亲吻礼

亲吻礼也是西方国家常用的见面礼。有时单独使用，有时与拥抱礼同时使用。

在施行亲吻礼时，双方的关系不同，亲吻的部位也会有所不同。长幼之间施行亲吻礼时，所吻部位一般为额头或面颊。同辈之间、异性之间、同性之间在施行亲吻礼时，一般为贴面颊或吻面颊。只有夫妻之间、恋人之间施行亲吻礼时才吻唇部。吻唇不宜滥用，也不宜当众进行。

6.2.7 名片礼仪

名片是当代社会私人交往和公务交往中一种最为经济实用的介绍性媒介。互换名片已经成为现代人相互介绍并建立联系，以使信息活动多元化的一个重要步骤。名片是一个人身份和地位的象征，是一个人尊严和价值的一种外显方式，也是使用者要求社会认同、获得社会理解与尊重的一种方式。

在人际交往中，正确使用名片需要对名片的用途、分类等有所了解，并尽可能做到符合礼仪规范。

名片上一般印有公司名称、头衔、联系电话、地址等信息，有的还印有个人照片。医务人员使用的名片，除了具有个人意义，还被视为其所在组织形象的一个缩影。现在，越来越多的社会组织对其成员使用的名片十分重视，要求制作讲究，尽量使其具有特色和魅力。

1. 名片的用途

（1）方便介绍

在公关与商务活动中，虽然使用的名片内容和形式各异，但大多印有姓名、供职单位、职务、职称、通信地址和电话等信息。初次见面时，借助名片可以避免口头介绍时容易出现的误解与遗忘。同时，也可加深初次见面的印象，有利于日后的继续交往和联系。

（2）替代便函

在人际交往中，许多时候必须对友人做出礼节性的友好表示。在名片的左下角，用铅笔写下几行字或短语，寄交或转交他人，如同一封长信一样正式。若内容较多，也可写在名片背面。目前，名片左下角流行写法文缩略语，以慰问、鼓励、感谢、祝贺他人。下面是几种常用的法文缩略语，p.f 表示敬贺，p.c 表示谨唁，p.p 表示介绍，p.p.c 表示辞行，n.b 表示提请注意，p.f.n.a 表示贺年等。

（3）业务介绍

医务人员的名片上多列有工作单位等内容，利用名片可以为本人及所在单位进行业务宣传，扩大交际面，争取潜在的合作伙伴。

（4）通报和留言

在拜访名人、长辈、职位高者或不熟悉的人时，可先请人递上自己的名片，并在名片的姓名下写上“未见”字样，转行顶格起写上对方姓名，作为通报和自我介绍，让对方考虑一下，以便对方确认“系何人”，并决定见与不见。这种做法比较正规，可避免冒昧造访。

在拜访他人未遇或者需要请人转达某件事情时，可在名片上写下几行字或一字不写，然后将它留下或托人转交。这样做会使对方“如闻其声，如见其人”。

（5）替代礼单

向他人赠送礼品时，可将本人名片放入其中，或将其装入一个不封口的信封中，再将该信封放于礼品外包装的上方。后者是说明“此乃何人所赠”的标准做法。

（6）替人介绍

介绍某人去见另外一人时，可将本人名片左下角写上“介绍”的法文缩写“p.p”，用回形针将本人名片（居上）与被介绍人名片（居下）固定在一起。必要时可将其装入信封，再交予被介绍人。这是一封非常正规的介绍信，是会受到高度重视的。

（7）通知变更

如果一旦自己调任、迁居或更换电话号码，要及时给亲朋好友一张注明上述变动情况的名片，礼貌地通知对方，以便日后对方与自己联系。

2. 名片的分类

因具体内容、用途的不同，日常生活中所用的名片可分为应酬式名片、社交式名片、公务式名片、单位式名片四类。前三种一般又统称为个人名片。

在正式场合，面对不同的交往对象时使用不同的名片，给人以不同的印象。因此，一个人同时制作并携带多种名片不足为怪，而不分对象、不讲目的地滥用同一种名片，往往是不妥的。

（1）应酬式名片

应酬式名片，又称本名式名片，顾名思义，其内容通常只有个人姓名一项，最多还会加上本人的籍贯与字号（图 6-7）。

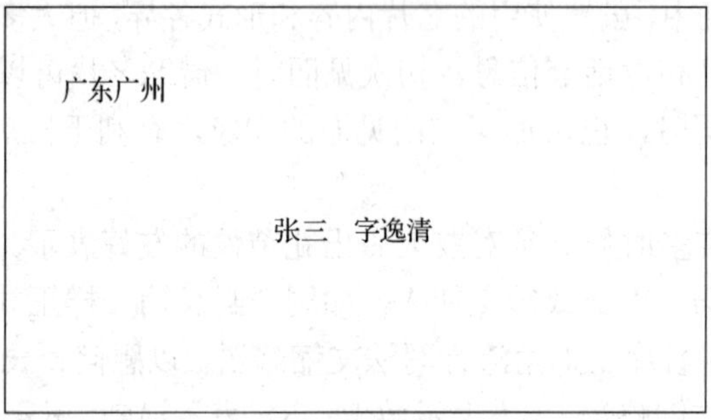

广东广州

张三　字逸清

图 6-7　应酬式名片

应酬式名片，主要适合在社交场合应付泛泛之交，用于拜会他人时说明身份或馈赠时替代礼单，以及用作便条或短信。

（2）社交式名片

社交式名片，特指适用于社交场合，用以进行自我介绍与保持联络的个人名片。社交式名片有两个方面的内容：个人姓名，应以大号字体印于名片中央；联系方式，应以较小字体印于名片右下方（图 6-8）。其中，联系方式项，主要包括家庭住址、邮政编码等内容，必要时还可加印住宅电话号码。但一般不会印办公地址，以示公私分明。若不喜欢被人打扰，还可只印住宅电话号码，而不印家庭住址与邮政编码。

（3）公务式名片

公务式名片通常指的是在政务、商务、学术、服务等正式的业务交往中所使用的个人名片，是目前最常见的一种个人名片。标准的公务式名片应由归属单位、本人称呼、联系方式三项具体内容构成，如图 6-9 所示。

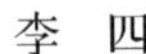

李　四

家庭住址：××市××小区××号
邮政编码：××××××

图 6-8　社交式名片

××股份有限公司

叶子　总经理

公司地址：××市××路××号
办公电话：（××××）2222111
邮政编码：××××××

图 6-9　公务式名片

其中，归属单位由企业标识、供职单位、所在部门三部分组成，但可酌情加减。供职单位与所在部门均不宜多于两个，免得给人用心不专的印象，必要时可多印几种名片。此外，供职单位与所在部门均应采用全称。本人称呼，由本人姓名、所任职务及学术头衔三部分组成。后两项可有可无，但不宜过多。在本人姓名之后加注“先生”“小姐”“夫人”是完全没有必要的。联系方式由公司地址、办公电话、邮政编码三部分组成。这三部分均不可或缺，故又称联系方式三要素。联系方式通常不宜提供家庭住址与住宅电话；手机号码、传真号码、语音信箱号码与电子信箱号码等是否需要列出，则应根据自己的实际情况而定。

通常，本人称呼应以大号字体印在名片正中央，归属单位与联系方式则应分别以小号字体印在名片的左上角与右下角。如有必要，可在名片的另一面印上本公司的经营范围或所在位置图（图 6-10），而不必非印外文不可。

本公司经营范围

图书　磁带
期刊　录像
软件　影碟

图 6-10　公务式名片背面

（4）单位式名片

单位式名片多为企业所用，故又称企业名片，它主要用于单位对外宣传、推广活动。它的内容主要包括单位的全称及其标志、单位的联系方式。按照常规，单位的联系方式通常由公司地址、邮政编码、公司电话总机号码或公关部电话号码构成（图 6-11）。

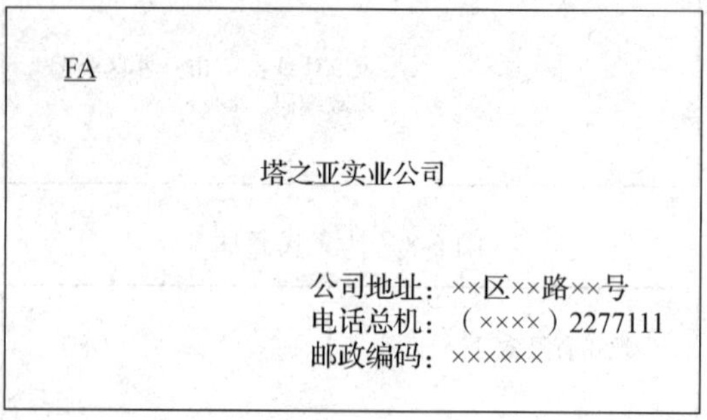

FA

塔之亚实业公司

公司地址：××区××路××号
电话总机：（××××）2277111
邮政编码：××××××

图 6-11　单位式名片

3．名片的交换

要使名片在人际交往中正常地发挥作用，还必须在交换名片时表现得法。交换名片时，需要注意的问题有以下四个。

（1）交换名片的时机

1）需要将自己的名片递交他人或与对方交换名片的情况如下。①希望认识对方。②对方向自己索要名片。③表示自己重视对方。④初次登门拜访对方。⑤被介绍给对方。⑥通知对方自己信息的变更情况。⑦对方提议交换名片。⑧打算获得对方的名片。

2）不必把自己的名片递给对方，也不必与对方交换名片的情况如下。①对方是陌生人。②不想认识对方。③不愿与对方深交。④对方对结识自己并无兴趣。⑤经常与对方见面，或常来常往。⑥双方地位、身份、年龄差别很大。

（2）交换名片的方法

1）递上自己的名片。递名片给他人时，应郑重其事。最好是起身站立，走上前去，使用双手或者右手将名片正面面对对方，然后交予对方（图 6-12）。切勿以左手递交名片，不要将名片背面面对对方或是颠倒着面对对方，不要将名片举得高于胸部，不要以手指夹着名片给人。若对方是少数民族或外宾，则将名片上印有对方所认得的文字的一面面对对方。

将名片递给他人时，口头应首先有所表示。可以说“请多指教”“多多关照”“今后保持联系”“我们认识一下吧”，或是先做一下自我介绍。

与多人交换名片，应讲究先后次序，或由近而远，或由尊而卑，一定要依次进行，切勿采用跳跃式的方式交换名片。当然，也没有必要滥发自己的名片。双方交换名片时，最正规的做法是位卑者首先把自己的名片递给位尊者。

2）接收他人的名片。当他人表示要递名片给自己或交换名片时，应立即停止手中所做的一切事情，起身站立，面含微笑，目视对方。接收他人的名片时，宜双手捧接（图 6-13），或用右手接过来，切勿单用左手去接。“接过名片，首先要看”，这点至为重要。具体而言，接过名片后，要立即用半分钟左右的时间，从头至尾将其认真默读一遍。

若有疑问，可当场向对方请教。此举意在表示重视对方。若接过他人名片后看也不看，或手头把玩，或弃之桌上，或装入衣袋，或交予他人，均为失礼。

图 6-12　递名片

图 6-13　接收名片

接收他人名片时，应口头道谢或重复对方所使用的谦辞敬语，如“请您多关照”“请您多指教”，切不可一言不发。与此同时，必须将自己的名片回敬给对方，以示有来有往。若需要当场将自己的名片递过去，最好在收好对方名片后再做，不要一来一往地同时进行。

（3）索取他人的名片

如果没有必要，最好不要强行索取他人的名片。若想要索取他人名片，可直言相告。可以采用以下几种方法。①提出交换，即口头上提议交换名片。②主动递送，即“将欲取之，必先予之”。③询问对方，即“今后如何向您请教？”此法适用于向尊长索取名片；“以后怎样与您联系？”此法适用于向平辈或晚辈索取名片。

（4）婉拒他人索取名片

面对他人索取本人名片但不想给对方时，通常不宜直截了当，而应以委婉的方法表达此意。可以说“对不起，我忘了带名片”，或者“抱歉，我的名片用完了”。但若手中正拿着自己的名片，又被对方看见了，这样讲则显然不合适。

4. 名片的存放

要使名片的交换合乎规范，并且使其在人际交往中充分发挥作用，还应注意以下三个问题。

（1）名片的放置

在参加交际应酬之前，要像准备修饰、化妆一样，提前准备好名片，并进行必要的检查。

随身所带的名片，最好放在专用的名片包、名片夹里，也可以放在上衣口袋内。不要放在裤袋、裙兜、提包、钱夹里，那样做既不正式，又显得杂乱无章。在自己的公文包及办公桌抽屉里，也应常备名片，以便随时使用。

在交际场合，如要用名片，则应事先将其准备好，不要在使用时再拿出来。

他人的名片看过之后，应将其精心放入自己的名片包、名片夹或上衣口袋内，切勿放在其他地方。

（2）名片的收藏

参加过交际应酬以后，应立即对收到的名片加以整理收藏，以便今后利用方便。不要将它随意夹在书刊、材料中，压在玻璃板下，或是扔在抽屉里面。

存放名片的方法大体上有四种，通常这些方法还可以交叉使用。①按姓名的外文字母或汉语拼音字母顺序分类。②按姓名的汉字笔画的多少分类。③按专业或部门分类。④按国别或地区分类。若收藏的名片甚多，还可以编一个索引，这样用起来就更方便了。

（3）名片的利用

随着人际交往的不断深入，还可以在自己收藏的他人的名片上随手记下可供本人参考的资料，使其充当社交的记事簿。一般而言，在自己收藏的他人的名片上可记的有利于人际交往的资料有以下几种。

1）收到名片时的具体情况，包括收到名片的地点、时间，以及是否与对方亲自交换等。在国外有种做法，即把名片的右上角向下折，然后再将其恢复原状，此法表示该名片是对方与自己交换的。

2）交换名片者个人的资料，通常包括对方的性别、年龄、籍贯、学历、专长、爱好、主要社会关系等。这些信息既可作备忘，也可作参考资料。

3）交换名片者在交换名片后变化的情况，通常包括对方的单位、部门的变化，职业的变动调任，职务、职衔的升降，联系方式的改变等。

6.3 介绍礼仪

现代人在求生存、求发展的过程中，需要与他人进行必要的沟通，以寻求共识、理解和帮助。介绍，就是人际交往中与他人沟通、增进了解和建立联系的一种最基本的方式。

介绍的方式多种多样，可按社交场合、介绍的人数、介绍者的地位与层次等来划分。无论哪种介绍，在进行介绍时，首先要了解双方是否有相识的愿望和要求，只有在确立彼此都有结识的愿望后，才能灵活应用介绍。

6.3.1 自我介绍

1．自我介绍的含义

简而言之，自我介绍就是在必要的场合，由自己担任介绍的主角，将自己介绍给他人，以使对方认识自己。

在日常交往中，如欲结识某个人或某些人，而又无人引见时，可自己充当自己的介绍人，将自己介绍给对方，这种自我介绍称作主动型的自我介绍。

在一些情况下，人们有时会应他人的要求，将自己某些方面的情况进行一番自我介绍，这种自我介绍称为被动型的自我介绍。

从总体上讲，主动型的自我介绍与被动型的自我介绍都是自我介绍。它们都是日常交往中经常采用的介绍方式。

根据社交礼仪的具体规范，进行自我介绍时，应注意自我介绍的时机、自我介绍的内容、自我介绍的分寸诸方面的问题。

2．自我介绍的时机

应当何时进行自我介绍？这个问题比较复杂，它往往涉及时间、地点、当事人、旁观者、现场气氛等多种因素。一般认为，在下述时机，如有可能，都有必要进行适当的自我介绍。

1）在社交场合，与陌生人相处时。

2）在社交场合，有陌生人表现出对结识自己感兴趣时。

3）在社交场合，有陌生人请求自己作自我介绍时。

4）在公共聚会上，与身边的陌生人共处时。

5）在公共聚会上，打算介入陌生人组成的交际圈时。

6）有求于人，而对方对自己不甚了解，或一无所知时。

7）交往对象因为健忘而记不清自己，或担心这种情况有可能出现时。

8）在出差、旅行途中，与他人不期而遇，并且有必要与之建立临时接触时。

9）初次前往他人居所、办公室，进行登门拜访时。

10）拜访熟人遇到不相识者挡驾，或是对方不在，而需要请不相识者代为转告时。

11）初次利用大众传媒，如报纸、杂志、广播、电视、网络、电影、标语、传单，向社会公众进行自我推介、自我宣传时。

12）利用社交媒介，如信函、电话、电报、传真、电子信函，与陌生人进行联系时。

13）前往陌生单位，进行业务联系时。

14）因业务需要，在公共场合进行业务推广时。

15）应聘求职或应试求学时。

凡此种种，又可以归纳为三种情况：一是本人希望结识他人；二是他人希望结识本人；三是本人认为有必要令他人了解或认识自己。

3．自我介绍的内容

需要进行自我介绍的时机多有不同，因此进行自我介绍时的表述方法便有所不同。自我介绍的内容是指自我介绍时表述的主体部分，即在自我介绍时表述的具体形式。

确定自我介绍的具体内容，应兼顾实际需要、所处场景，并应具有鲜明的针对性，切不可千人一面，一概而论。

依照自我介绍时表述的内容的不同，自我介绍可以分为以下五种具体形式。

（1）应酬式自我介绍

应酬式自我介绍适用于某些公共场合和一般性的社交场合，如旅行途中、宴会厅里、舞场之上、通电话时，它的对象主要是进行一般性接触的交往对象。对介绍者而言，对方属于泛泛之交，或者早已熟悉，进行自我介绍是为了确认身份，故此种自我介绍内容要少而精。应酬式自我介绍内容最为简洁，往往只包括姓名，如：“您好！我叫×××。”“我是×××。”

（2）工作式自我介绍

工作式自我介绍主要适用于工作之中。它是以工作为自我介绍的中心，因工作而交际，因工作而交友，因此，也被称为公务式自我介绍。

工作式自我介绍的内容，应当包括本人姓名、供职单位及部门、担任的职务或从事的具体工作三项，通常缺一不可。其中，姓名应当全部说出，不可有姓无名，或有名无姓；供职单位及部门最好全部报出，具体工作部门有时也可以暂不报出；担任的职务或从事的具体工作，有职务者最好报出职务，职务较低或者无职务者，可报出目前所从事的具体工作。例如："您好！我叫×××，是×××学校的教师。""我叫××，现在是×××学校×××专业的学生。"

（3）交流式自我介绍

交流式自我介绍主要适用于社交活动，它是一种刻意寻求与交往对象进一步交流与沟通，希望对方认识自己、了解自己、与自己建立联系的自我介绍。有时，它也叫社交式自我介绍或沟通式自我介绍。

交流式自我介绍的内容，大体上应当包括介绍者的姓名、供职单位、籍贯、学历、兴趣及与交往对象的某些熟人的关系等。这些内容不一定要面面俱到，可依照具体情况而定。例如："我叫××，现在在市一院工作。我是×××学校 2016 届毕业生，咱们是校友。""我叫×××，现在是市三院附院口腔科的医生，我和您先生是高中同学。""我叫×××，××人。我刚才听见你在唱蒋大为的歌，我特别喜欢他唱的歌，你也喜欢吗？"

（4）礼仪式自我介绍

礼仪式自我介绍适用于讲座、报告、演出、庆典、仪式等一些正规而隆重的场合。它是一种意在表示对交往对象友好、敬意的自我介绍。

礼仪式自我介绍的内容包含姓名、供职单位、职务等，但往往还应多加入一些适宜的谦辞敬语，以表示自己礼待交往对象。例如，"各位同学，大家好！我叫×××，是学生会主席。现在，由我作为学生代表为各位新同学介绍一下我们的学校，谢谢大家"。

（5）问答式自我介绍

问答式自我介绍适用于应试、应聘和公务交往，在普通交际应酬场合也比较常见。问答式自我介绍的内容，讲究问什么答什么，有问必答。例如，某甲问："这位小姐，你好！不知你应该怎么称呼？"某乙答："先生您好！我叫×××。"主考官问："请介绍一下你的基本情况。"应聘者答："各位好！我叫×××，现年 28 岁，××人，汉族，共产党员，已婚，2013 年毕业于×××学校×××专业，已工作 6 年。其间，曾去新加坡工作 1 年。本人除精通专业知识，还掌握英语、日语，懂电脑，会驾驶汽车。曾在国内正式刊物上发表过五篇论文。"

4. 自我介绍的分寸

进行自我介绍时，对下述几个方面的问题必须予以重视，方能使自我介绍恰到好处，并不失分寸。

（1）斟酌时间

在进行自我介绍时，斟酌时间通常具有以下两种含义。

1）自我介绍时一定要力求简洁，即尽可能地节省时间。虽说各种形式的自我介绍所用的时间长度不可笼统地等量齐观，但总的原则还是所用时间越短越好，以半分钟左右为佳。如无特殊情况，最好不要长于一分钟。

在初次见面作自我介绍时，希望交往对象仅凭自我介绍就对自己“一目了然”，是不现实的。在自我介绍时，东拉西扯、借题发挥、滔滔不绝，对自己而言是失态的，对对方而言是失敬的，都是出力不讨好的。

为了节省时间，在作自我介绍前，还可以递上本人的名片、介绍信加以辅助。若使用了名片、介绍信，则其上所列内容应尽量不予重复。

2）自我介绍应在适当的时间进行。进行自我介绍的适当时间：对方有兴趣时；对方有空闲时；对方情绪好时；对方干扰少时；对方有此要求时。

进行自我介绍的不适当时间，是指对方无兴趣、无要求、工作忙、干扰大、心情坏、休息用餐或正忙于私人交往之时。

（2）讲究态度

进行自我介绍时，态度要自然、友善、亲切、随和，应显得落落大方，笑容可掬。既不要畏首畏尾、瞻前顾后，又不要虚张声势、轻浮夸张、矫揉造作。一定要充满信心和勇气，千万不要妄自菲薄，心怀怯意，致使临场发挥失常。敢于正视对方的双眼，显得胸有成竹、不慌不忙。这样，有助于自我放松，并使对方对自己产生好感。

在自我介绍的过程中，语气要自然，语速要正常，发音要清晰，这对自我介绍的成功将大有好处。力戒语气生硬冷漠、语速过快或过慢、发音含糊不清，这些都是缺少经验、缺乏自信的表现。

（3）力求真实

进行自我介绍时所表述的各项内容，一定要实事求是、真实可信。没有必要过分谦虚，或一味贬低自己去讨好别人，但也不可自吹自擂、吹嘘弄假、夸大其词。切勿在自我介绍时大掺水分，否则定会得不偿失。

6.3.2 正式介绍

正式介绍是指在较为正式和郑重的场合进行的介绍。正式介绍必须遵循介绍的原则和次序。

1. 介绍的规则

在介绍活动中，先称呼谁的名字（或职务），谁就是尊者，后提者就是被介绍者。应把被介绍者介绍给尊者，因为尊者有优先知情权。

2. 介绍的次序

在为他人做介绍时，必须先了解被介绍双方所处的地位、身份等，并遵循尊者优先了解对方的原则。目前，国际公认的介绍顺序是将男性介绍给女性，将年轻者介绍给年长者，将职位低的人介绍给职位高的人，将客人介绍给主人，将晚到者介绍给早到者。例如，要把一位姓张的老师介绍给一位姓王的主任，可这样介绍：“王主任，这位是技术学校的张老师；张老师，这位是商业学校的王主任。”王主任作为次序中地位高者，

故应该称呼王主任，然后把张老师介绍给王主任。

在这五个顺序中，如果被介绍者之间符合其中的两个以上的顺序，一般应按后一个顺序进行介绍。介绍时，先称呼女士、年长者、身份高者、主人、先到场者，再一一介绍对方。例如，将一位年轻的女士介绍给一位大企业的负责人，则应不论性别，应先称呼这位企业家，把女士介绍给他："张总，这位是我的大学同学王芳。"作为聚会场合的介绍人，应牢记介绍双方的姓名和单位。在介绍中说错姓名、职务、单位是最大的失礼行为。

3．介绍的禁忌

介绍时，应多用敬语、谦辞和尊称。例如，"请允许我向您介绍×××""请让我来介绍一下×××"。在半正式或非正式场合，还可以使用一些较不正式但属于正确的介绍词。例如，"×小姐，您认识××先生吗？""小赵，来见见××先生好吗？"。朋友之间，可以用轻松、活泼的方式，如："老王，这就是我常提到的我们单位的才子小吴。这位是大名鼎鼎的老王。"

在做具体介绍时，手势动作应文雅，仪态应端庄，表情应自然。无论介绍哪一位，应有礼貌地举右手掌示意，并且眼神要随手势指向被介绍者，向对方点头微笑。介绍时，除长者、女士，一般应起立，但在宴会桌、会谈桌上，视情况介绍人和被介绍人可不必起立，被介绍双方可点头微笑致意（图 6-14）。如果被介绍双方相隔较远，中间又有障碍物，可举起右手致意或点头微笑致意。这时，被介绍者只须略欠身并微笑点头，有所表示即可。

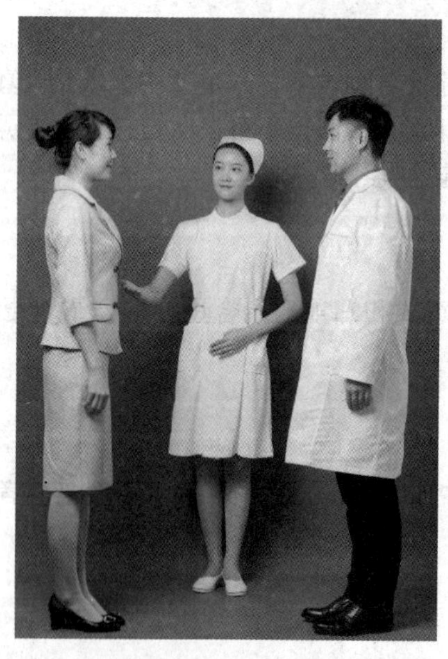

图 6-14　介绍

在介绍中，最客气的语气是以询问的口吻发问。语气和语调必须表露个人的真诚与热情，切忌虚假和敷衍。在介绍时，语言应简洁、清楚、明确，不可含糊其词、拖泥带水，以免使人发生误会。在被介绍后，通常行握手礼。两人相视时，目光轻柔、表情悦人、举止优雅、仪态自然大方，切忌摆姿弄势。

课后练习

1．见面时常用的礼仪有哪些？

2．递交名片时应注意哪些细节？

3．自我介绍的内容包括什么？

4．正式介绍时应注意哪些规则？

5．实训

（1）握手礼。

1）场景一：王明（男）与张艳（女）毕业两年后在路上偶遇，谁先伸手？

2）场景二：你受到校长的接见，谁先伸手？

3）场景三：你带同学去表姐家做客，表姐与你同学见面后，谁先伸手？告辞时，谁先伸手？

（2）鞠躬礼。

1）15°鞠躬礼。

2）30°鞠躬礼。

3）45°鞠躬礼。

（3）拱手礼。

1）场景一：春节，邻居、朋友、同事见面时，常拱手为礼，以表祝愿。

2）场景二：双方告别，互道珍重时可用拱手礼。

本章小结

本章系统地讲解了日常交往礼仪中介绍握手礼、鞠躬礼、拱手礼、注目礼、拥吻礼、名片礼仪、称谓礼仪的基本要求和注意事项，也强调了日常交往中礼仪的作用。医务人员接触的社会领域越来越广泛，学习日常会面礼仪会对其提高自我修养起到重要作用，有利于提升医务人员的整体综合素质，是满足现代医学和社会进步的必然要求。

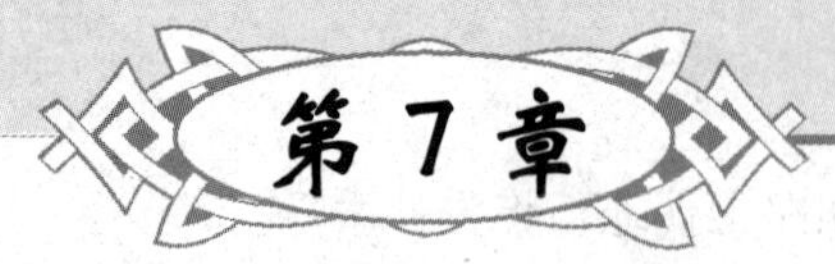

校园礼仪

学习目标

1．了解校园礼仪的内容，掌握师生交往和同学之间交往的礼仪要求。

2．熟悉到不同场合应遵守不同的礼仪规范，并掌握相应的礼仪规范和要求。

3．掌握校园礼仪的实质内容，学以致用，养成良好的态度和行为规范，做一名讲礼貌、懂礼仪的大学生。

中国是一个文明古国，素以“礼仪之邦”享誉世界。现代生活中，往往把讲礼貌、懂礼仪作为评价一个国家和民族文明程度的重要标志。在大学校园这个既严肃又活泼、既紧张又文明的环境中，大学生不仅要学好专业知识，还要自觉加强道德修养，讲礼貌、懂礼仪，为顺利走向社会、走向工作岗位打下良好的基础。

7.1 校园交往礼仪

大学生的培养是任重道远的。高校应该通过长期的管理实践，建立校园礼仪规范，使礼仪规范逐渐成为高校的优良传统，使有形的规范转化为无形的约束力量。这样，当一批又一批的大学生在进入校园时，就会受到这种优良传统的熏陶，在无形的约束力量中自觉养成讲文明、懂礼貌、重礼仪的道德观念和行为习惯。

7.1.1 尊重教师

教师是学生处理人生疑难问题的导师，也是学生为人处事的楷模。尊师，是中华民族的传统美德。教师是学生感悟人生、获取知识、学有所成的引路人。为此，作为深受教师教诲之恩的学生，在与教师交往的过程中应热爱并尊敬教师，尊重教师的劳动，维护教师的尊严，虚心接受教师的教育，严格遵循有关礼仪规范。

1．尊重教师的劳动和成果

复杂性是教师劳动的显著特点。首先，教师的劳动对象是复杂的。教师的劳动对象是具有个性差异的学生和学生集体。学生来自四面八方，每个学生都具有独特的意识、情感、意志、学识与品行。这要求教师既要按照统一的标准来培养学生，又要注意学生的个性差异，采取有针对性的方法因材施教。其次，教师的劳动过程是复杂的。教师劳动的过程是一个运用智力的过程，是一种综合使用、消化、传递、发现科学知识与技能的脑力与体力劳动相统一的过程。在教师的劳动中，知识信息的传递和转换是劳动的主要手段。传递和转换是将社会所要求的以知识形态表现出来的精神财富，成为学生个人的财富。这就要求教师必须先消化知识，领会和把握知识，然后采用易于被学生接受的方式，将这些知识转化为学生的财富。这种转化，要求教师不仅要从学生的年龄特征出发实施教育，而且必须从学生的现有发展水平出发实施教育。这需要教师不仅要付出体力的代价，更要付出脑力的代价，以此促成这一“转化”。教师的劳动融体力和脑力于一体，劳动过程异常艰巨。教育家赞科夫说：“教师的劳动非常复杂，要付出巨大的精力。”学生需要在内心尊重教师的劳动和成果。

2．维护教师的形象和尊严

教师是伟大的，但教师又是平凡的，自然也就避免不了一定的缺点。这就要求学生对教师应有一种较为客观的认识。学生在心目中设计的理想教师的形象，不一定是评价教师现实形象的客观尺度。教师是学生的引路人，不管从知识的角度还是从阅历的角度，都有许多可取之处。即使有时发现教师的不足，也不应以偏概全，更不应随便给教师取不雅的绰号，而应以谅解的态度对待教师。在任何时候、任何情况下，都要注意维护教师的形象和尊严。当然，在适当的情况下，可以适当的方式向教师委婉指出不足。但千万不要在课堂内外以不恭的言行损害教师的人格。尊重教师具体要在以下三个方面得以体现。

（1）尊敬师长

“受人滴水之恩，当以涌泉相报”，在每个学生成长的道路上，每一步都离不开教师的教诲。因此，学生在言谈举止各方面，都要自觉地尊敬师长。

（2）勤奋学习

“吾爱吾师，吾更爱真理。”勤学上进、刻苦读书，是学生对教师最好的回报。在教师讲课时，要专心听讲、勤于思考。

（3）听从教诲

古人云：“教不严，师之惰。”在各个方面教育学生，从严要求，是教师对学生爱护的表现，也是教师的天职。爱之深，责之切。教师的爱是博大的，它超越了血缘亲情，比父母的教育更客观、公正、深刻、严肃。学生要体会教师的良苦用心，虚心接受教师的教诲，切勿强词夺理，甚至无理顶撞。

7.1.2 友爱同学

学生时期，是人生最宝贵的时期。同学关系，是人生中最宝贵的人际关系，它具有平等性和非功利性的特点，纯真、浪漫、充满活力。在这一时期建立起来的友谊，最纯洁、最稳定、最长久。它通常被视为人类所拥有的最美好的感情之一。对每一位学生而言，处理好同学关系，珍视同学友谊，将对自己的学习、成长乃至今后的事业、生活具有极大的帮助。为此，与同学交往应注意遵循有关的礼仪规范，主要有以下四个方面。

1．日常交往

同学间朝夕相处，要相互尊重，时时处处以礼相待。

1）与同学见面要主动打招呼问候。与同学打招呼，一方面表示同学间相互尊重，另一方面反映出一个人自信和健康的心理状态。同学相见时，应互相致意问好。同学间可彼此直呼其名，但不能用不礼貌用语称呼同学。平时应习惯用“请”“谢谢”“麻烦你”“对不起”等礼貌用语。

2）当同学遇到困难，如学习上暂时落后、遭遇不幸或偶尔的失败等，不仅不能嘲笑、冷落、歧视，反而应该热情帮助，真诚地帮助对方分析原因，总结经验教训，也可用安慰、同情、鼓励的话语抚慰对方。

3）要尊重同学的人格，不能对同学的相貌、体态、衣着评头论足，尤其不能嘲笑同学的生理缺陷，更不能给同学起带有侮辱性的绰号。

4）借用学习及生活用品时，应征得对方同意，用后及时归还并致谢。

5）在教室里要随时保持安静、整洁，维护教室良好的学习环境。课间不要追跑打闹，以免影响其他同学的学习和身心健康。

6）课间休息时，在楼道内行走要靠右慢行，不要快速奔跑猛拐，遇到同学时要放慢脚步，礼让慢行。

7）“慧于心而秀于言。”与同学交谈，能使心灵的聪慧得到交流，使同学间增加了解、增进情谊和增长知识。与同学交谈时，具体须注意以下礼仪。

① 在交谈的态度方面。与同学交谈时，态度要诚恳、谦虚；语调要平和，不可装腔作势。同时，要关心同学的兴趣和情绪。听同学说话时，态度要认真，要专注，不可表现得漫不经心；不要轻易打断他人的谈话，要插话或有疑问时一定要先打招呼。如果对同学的观点有意见或建议，应在不伤害同学自尊心的情况下，恳切、委婉地指出。

② 在交谈的内容方面。与同学交谈，内容一定要真实，表达自己对事物的看法时一定要实事求是。不能无原则地恭维对方，也不要说使他人感到为难、伤心的事，更不要说一些不文明的污言秽语。

2．学习交往

在学习上，同学之间应该相互帮助。学习成绩较差的同学，应虚心向学习成绩好的同学求教，并且要善于独立思考，不能一味地依赖别人，不能照抄别人作业或偷看别人的答案。学习成绩好的同学，要保持谦虚、戒骄戒躁，要真诚、友善地帮助其他同学。

每个同学都有自己的主张和见解。同学之间有时会产生矛盾或意见上的分歧。这时，首先要尊重别人，努力克制自己，要戒除身上的“骄娇”二气，心平气和地讲道理，不能任性，也不能用不文明的语言或简单、粗暴的方式解决问题。

麻烦别人对自己进行帮助和指导时，应注意以下礼仪。

1）要选择被询问的对象，一般应选择能解答自己问题的同学。

2）注意选择询问的时间，一般应选择在被询问同学有空闲或方便的时间去询问，尽量不打扰或影响对方的学习。

3）询问问题要谦虚、礼貌。开始询问之前，先说：“同学，对不起，打扰了，能否请教一个问题？”在征得对方的同意后再询问。

4）维护同学的自尊。若被询问的同学一时找不出答案，自己应尽快地为其解除尴尬，说：“不要紧，这个问题确实难度太大，耽搁你的时间了，谢谢。”

5）保持同学的自信。被询问的同学若把所询问的事情告诉了自己，可以说：“你真了不起，谢谢！”然后离去。

3．男女同学交往

1）男女同学交往，要以礼相待，要相互平等、相互尊重、相互帮助。

2）男同学应彬彬有礼，女同学应文雅大方，接触地点要公开，举止、言谈要大方有礼，相互不要靠得太近。男女同学之间不宜过分亲昵。过分亲昵不仅显得太轻佻，易引起对方或他人反感，还容易造成不必要的误会。

3）男女同学之间，不能互起绰号；不能讲粗话、脏话和庸俗的传闻；不能久久凝视对方；不能打打闹闹。

4）对异性同学的容貌、身体和衣着，不应评头论足。对异性同学的弱点或缺点，不可进行嘲讽，而应热心帮助。

5）对异性同学中容貌姣好的同学，不可庸俗化地赞美和恭维。

6）在体力劳动等方面，男同学应主动地关心、帮助和照顾女同学。

4．宿舍交往

住校学生生活在一个大家庭里，学习、生活及其他活动都是集体进行的，同学之间要和睦相处。和睦相处主要体现在以下几方面。

1）遵章守纪，遵守学生宿舍的管理制度，不做学校禁止的行为。

2）互相尊重，互相关心，团结友爱。自觉遵守宿舍生活秩序，按时就餐、起床。上下床动作要轻，拿东西声音要小。上铺同学翻身要轻，下铺同学要多给上铺同学方便。有事回来晚了，应先说一声“对不起”。

3）讲究卫生，爱护集体荣誉。平常注意个人卫生，衣服要勤换勤洗，床铺要勤整理；被褥要叠整齐，用具摆放合适；不随便在他人床上坐卧。未经允许，不随便挪动、翻看他人物品。

4）关心集体，自觉参加值日工作。主动做好公共卫生，保持宿舍内整洁美观。清理的垃圾应及时倒入规定位置，不要将垃圾堆放在走廊过道处，不往楼下扔杂物、泼污水。

5）同学之间互相帮助，和睦相处。对有困难和生病的同学要多关心照顾；同学之间有了小矛盾要互谅互让，严于律己，宽以待人。

6）在宿舍内不应大声喧哗、打闹、跳舞、踢球、打羽毛球等。放录音机、看电视等音量要适宜，不要影响他人休息。

7）爱护公共财物，养成随手关水龙头、关灯、关门窗的好习惯。不在墙上乱写、乱画、乱钉。

8）讲究文明礼貌，以礼待人。当教师、家长或其他客人来访时，应主动向客人问好、让座。交谈时声音不要过高，时间也不宜过久。如果受访者不在，应尽快帮助寻找，找不到时应让客人留言，事后及时转告。

总之，在学校生活，同学之间朝夕相处，彼此之间要以礼相待，尊重对方；要加强团结，相互帮助。学生生活是一种集体生活，作为集体成员之一，每个学生都要对自己所在的集体爱护有加，要维护集体利益，坚持个人服从集体，反对“我”字当头、个人至上、对集体漠不关心、麻木不仁。热爱集体，团结友爱同学，不仅是对每一名学生的基本要求，也是其完成学业，在今后的事业上有所发展的重要保证。

7.2 课堂礼仪

课堂是教学活动的主阵地，是教与学双边活动的统一体。和谐的课堂教学环境是教学成功的关键。在课堂教学活动中，每个学生都要遵守一定的课堂礼仪规范。

学生对教师应该虚心诚实，言行有礼。在行动上，应按规范认真去做。

上课预备铃响后，学生应尽快进入教室，准备好课本和学习用具，静候教师的到来。教师走进教室，班长或值日生喊“起立”的声音要洪亮有力。全体学生应立即站直（教室条件好的应站在各排桌椅中间的过道上，起立时不要让桌椅发出异常的声响），向教师行注目礼并问好，待教师回礼后再坐下（坐下时动作要轻）。然后以饱满的情绪进入听课状态。

听讲时，要认真听教师讲解，注意力要集中，独立思考，重要的内容应做好笔记。发言、质疑或回答问题时，要举手示意。发言时身体要立正，态度要落落大方，并且应使用普通话。对教师讲述的内容有异议时，最好下课后单独找教师交换意见，共同探讨，尽量不要在无关紧要的细节上纠缠。

下课铃响后，若教师还未宣布下课，学生应当安心听讲，不要忙着收拾书本，否则是对教师的不尊重。在听到教师说“下课”后，班长或值日生喊“起立”，同学们起立站好，向教师行注目礼，师生相互道别，待教师离开教室后，学生才能收拾学习用具进行自由活动。

课后要按时、认真、独立地完成教师布置的各种作业，对教师在作业上的批改要悉心领会并认真修改。

在课堂上学生要衣着整洁，行为规范。夏天不能穿背心、拖鞋到教室，也不能敞胸露怀，听课时不能扇扇子。冬天，在课堂上不应穿大衣、戴帽子和手套、围围巾。在课堂上，不能随便走动，也不能吃东西、喝水、嚼口香糖、听音乐等。

在课堂上，坐姿要端正。入座时要轻要稳，先走到座位前，再转身轻稳地坐下。女生入座时，若是裙装，应用手将裙装理一下。坐下后，嘴唇微闭，下颌微收，面容平和自然。不要随意挪动凳子，发出巨大响声。双肩平正放松，两臂自然弯曲放在课桌上。两手不要交叉在胸前，不要抱肩膀，也不要摊开双臂趴在桌子上或把两手放在臀下。立腰、挺胸，上体自然挺直，不要前倾后仰或歪歪扭扭，东摇西晃，也不要斜靠在椅子上。双膝自然并拢，双腿正放，垂直于地面。双腿不要过于叉开，也不要长长地伸开，脚不应不停地抖动。坐在椅子上时，要坐满椅子的 2/3。离座时，要自然稳当，右脚向后收半步再站起身。

学生如遇特殊情况，在教师开始上课后才进入教室，应特别注意文明礼貌。

在教室门口应先停下脚步，喊“报告”。如果教室门关着，应先轻轻敲门，在得到教师的允许后，才能进入教室。要向教师说明迟到原因，态度要诚实，得到教师谅解和许可后，方可入座。在走向自己的座位时，速度要快，脚步要轻，动作幅度要小。走到座位前，在放书包和拿课本时，尽量不要发出太大的响声，更不能有任何滑稽可笑的举止。坐下后，应立即将注意力集中起来，端坐、静听教师讲课。总之，迟到的学生要把由于自己迟到而对课堂秩序造成的影响，减小到最低程度。

教师在课堂教学过程中的提问，是检验教学效果最普遍、最直接的方法，是教师课堂教学的一种必要的教学手段。教师通过提问，一方面可以迅速地了解学生对知识的理解和掌握情况；另一方面可以调动学生学习的积极性，启发学生积极思维。学生的回答也可以启发教师的思维，达到教学相长的目的。

当教师提问时，学生应做到以下几点：学生如要回答问题，应该先举手，在教师叫自己的名字时，方可起立回答问题。在起立回答问题时，站姿、表情要大方，说话要清晰。在他人回答教师提问时，不应随便插话。他人回答错误或者回答不出时，切不可在旁边讥笑。当教师发问“有哪位同学能回答这个问题？”时，自己可以举手，在得到教师允许后，起立回答问题。

“人非生而知之者，孰能无惑？惑而不从师，其为惑也，终不解矣。”这提醒我们，学生上课的主要目的就在于从师解惑，提升素质。学生不遵守课堂纪律，不但是对教师的不尊重，而且达不到解惑的目的。同时，不遵守课堂纪律，也是对其他同学的不尊重。因此，课堂是学生从师解惑的主要场所，每个学生都应遵守课堂纪律，这既是对教师辛勤劳动的尊重，也是一种基本的课堂礼仪规范。

7.3 活动礼仪

只有师生认真执行校园生活的礼仪规范，学校这座培育人才的美丽花园，才能开放出更加绚丽的花朵，成为每个人生活学习的幸福场所。

7.3.1 升旗礼仪

国旗是一个国家的象征和标志，升国旗是对学生进行爱国主义教育的重要形式之一。升国旗、奏国歌时，全体师生要着装整洁、脱帽肃立，面向国旗行注目礼。切忌嬉笑打闹或者自由走动。

7.3.2 集会礼仪

开学、结业或举行其他庆典仪式时，要准时整队入、退场，准时是参加集会的基本要求。集会过程中，学生应遵守大会秩序，坐立端正，注意听讲；不随便讲话，不随意走动，适时适度地鼓掌致意。

上台发言、领奖或表演时，走路要稳重，应从指定的台口上台。站在台上，双手要自然下垂，站姿端正。上台发言的同学，在开始和结束时都要向听众行礼。接受奖品、奖状时要用双手去接，行鞠躬礼，然后转过身来，面向观众，将奖状高举过头向大家展示后，双手拿好贴放胸前。下台时也要脚步稳重，从指定台口退下。

7.4 办公室礼仪

办公室是教师备课和办公的地方，是严肃、安静的场所。学生要进入教师办公室，应遵守一定的办公室礼仪规范。

7.4.1 进入办公室礼仪

学生进入教师办公室前，应先敲门或喊“报告”，经教师允许后，方可入内，这是中华民族传统的尊师礼仪之一。教师在办公室里要处理的事情很多，学习、研究教材、备课、批改作业、拟考试试题、批阅试卷或与家长、学生谈心等。如果学生贸然闯入或者随便进出都会打扰教师的工作和学习。这样做不仅有失礼仪，而且会妨碍教师工作，甚至影响到其他教师。因此，进入教师办公室，要事先征得教师的同意。进入教师办公室时，应与看到的其他教师点头致意。

进入教师办公室后，不要坐在其他教师的座位上，也不要随意翻动教师的东西。教师的办公桌上和抽屉内有许多物品：教科书、参考书、备课本、教学摘记、学生作业本、考试卷、学生的成绩记录，还有教师的其他物件等。如果学生随意翻动，一来给教师的工作造成影响，二来是对教师的不尊重，也是不爱惜自身思想品德的行为。另外，教师的有些东西在一定程度上是保密的。例如，未启用的试卷、对学生进行思想教育的摘记、不公开的学生成绩等。若被乱翻而造成泄密，会造成不良的后果。

7.4.2 办公室交谈礼仪

与教师交谈的态度应诚恳，说话应坦诚实在，实事求是。与教师交谈客套话太多，也是一种失礼。

认真倾听教师讲话，与教师谈话时应面对教师，并有一定的目光交流时间，这样会让彼此感到很有诚意。

与教师交谈应尽量少打手势，音量适中。声音过大或过小都是不礼貌的，尽量避免对其他教师的办公造成影响。

与教师谈话距离要适中。交谈距离一般在 1 米左右，太近或太远都是不礼貌的。

不要随便打断教师的谈话，谈话中若遇有急事需要离开应向教师打招呼并表示歉意。

当不赞成教师的观点时，应抱着虚心的态度，先让教师把话讲完，然后诚恳地向教师解释清楚，不要直接顶撞，更不要反问或质问教师，应委婉地表示自己的看法。例如，“老师，您说得很有道理，值得我考虑，不过我认为似乎……”

事情办完，应立即离开办公室。学生在教师办公室不宜逗留过久，这是因为教师的工作很忙，每天都要备课，要批改学生的作业，要找同学谈心，要学习，还要与其他教师一起研究教学工作。如果学生在办公室内逗留久了，会耽误教师的时间。

7.4.3 离开办公室礼仪

与教师谈话结束，应向教师礼貌告别。告别时，一般是先谢后辞，其具体礼仪如下。

如果教师的话已讲完，学生向教师请教的问题已得到解决，学生应向教师表明对问题已经理解，并向教师道谢。若是坐着交谈的，应起立把凳子放回原处，而后向教师微微鞠躬并说“老师，打扰您了，谢谢，再见！”然后离去。如果教师起立目送学生，学生应请教师坐下。如果教师要送学生出办公室，学生应请教师留步，切不可跑出办公室。

若是教师找学生谈心，谈心已结束，学生应向教师表示“我明白（理解）了，谢谢老师！”然后问教师：“我可以走了吗？”教师允许后，再有礼貌地离开。

若教师所讲的知识，学生尚不理解，或还有不同看法，或问题才讲到一半，上课的预备铃已经响了。在这种情况下，学生应向教师征求继续谈话的时间，然后有礼貌地离开。

课后练习

1. 如何尊重教师？尊重教师的具体做法有哪些？
2. 同学之间相处应注意什么问题？
3. 学生在课堂上要遵守哪些礼仪规范？
4. 学生进入教师办公室时应遵守哪些礼仪规范？

本章小结

本章系统地介绍了校园礼仪，包括师生之间、同学之间的礼仪规范和要求，课堂礼仪，活动礼仪，办公室礼仪等。校园礼仪不仅是日常行为规范，也是体现学生基本素养的重要内容。大学生要从日常生活做起，从校园礼仪做起，要求自己养成讲礼仪、懂礼貌的良好习惯。

第8章 求职礼仪

学习目标

1. 了解求职礼仪的内涵。
2. 认识求职礼仪的重要性。
3. 掌握面试的基本礼仪，能够制作简洁规范、合乎礼仪的求职材料。

8.1 求职礼仪概述

求职择业是人生中的一次重要选择。每个医学专业毕业生都渴望能获得一份适合自己的工作，成为一名医务工作者，实现自我价值。那么，如何才能在求职的竞争中脱颖而出呢？那就不仅要有扎实的专业技能，还要具备良好的综合素质。其中，求职礼仪是医学专业毕业生呈现自身综合素质的直接方式之一。因此，掌握求职礼仪，有助于提高求职的成功率。

求职礼仪，实质上是求职者的个人修养在求职过程中礼节、礼貌方面的体现。具体包括求职者的仪容仪表、言行举止及求职的书面材料等。要想在求职时表现得自然得体，就要注重平时礼仪习惯的养成。求职礼仪是在求职和就职的最初阶段对以往形成的礼仪习惯的一次检验。在求职过程中，每时每刻的细微动作，都是长期积淀下来的礼仪习惯的体现。用人单位总是从最细微处观察和认定求职者礼仪层次以推断其修养。所以平时必须注重细节，关键时刻才能让每一个细节得到最自然的流露。

8.2 书面求职礼仪

书面求职礼仪，是求职礼仪的一种。书面求职虽是无声的语言，但好的求职材料能引起用人单位注意，起到自我推销、获取求职录用的作用。因此，准备好求职材料，掌握书面求职的基本礼仪，对求职者来说至关重要。书面求职材料包括求职信或自荐书、个人简历、就业推荐表、成绩单、各类证书等。

那么如何制作一份好的求职材料？

8.2.1 求职信的写作方法

求职信是求职者向用人单位介绍自己的基本情况、专业技术水平、能力和特长的信件，主要是用来表达求职意向与愿望。

求职信是求职者举荐、推销自己的重要工具和重要手段，是求职者与用人单位进行联系、沟通的重要方式。它是用人单位初次筛选应聘者的一份材料依据。一份精心写作的求职信既能体现出求职者的文字功底与写作水平，也能引起用人单位的注意和兴趣。求职者可以借助求职信给予用人单位良好的印象，并获得复试或面试的机会。

求职信的重点在于“荐”，在构思上一定要围绕“为何荐”“凭何荐”“怎样荐”的思路安排。一般来说，求职信属于书信范畴，在书写的基本格式上应与书信的一般要求类似。

1. 求职信的基本格式、结构和写作的礼仪要求

求职信由标题、称谓、问候语、正文、致敬语、署名及日期等几个部分组成；字数在 1000 字以内为宜，字体应大小适中。求职信最忌讳篇幅过长或者内容与简历内容大量重复。

（1）标题

求职信的标题通常比较简单，只要在求职信第一行正中位置写明“求职信”三个字即可。

（2）称谓

称谓，即对接收并阅读信件的人的称呼。称谓写在第一行，顶格书写，称呼之后用冒号。对收信人的称呼，要注意表示尊敬，要准确，符合收信人的身份。一般可以用单位名称或有关负责人的姓氏+职务，如尊敬的××处长等。对于初入职场的大学生，在未了解单位情况时，用“尊敬的领导”比较稳妥。

（3）问候语

在称呼下另起一行，空两格书写“您好”。

（4）正文

正文是求职信的核心部分，要写明求职缘由、个人基本情况、满足招聘要求的能力和条件及本人的愿望和要求。这些内容要有说服力，说明为什么适合这个职位，更重要的是表明“你能为该单位做什么”。这部分的写作与个人简历是相辅相成的，要说明个人能力，但又不能把简历内容写进去，将最能代表自己长处、技能和业绩的项目写进去，

同时注意不要单纯写自己的长处和技能，而是要着重说明这些长处和技能可以给单位带来什么益处。正文主体部分尽管表达形式多种多样，但主要内容一般如下。

1）写明求职缘由。在求职信的开头应开门见山地向用人单位表达自己求职的意向和缘由。例如，可以用以下形式开篇："很高兴得知贵院目前正在招聘××人员，本人于××年××月毕业于××院校，恰好符合贵院××的岗位要求，我希望有机会为贵院效力……"或"得知贵院目前正在招聘××人员，特寄上我的简历一份敬请收阅……"。同时，应表明自己的能力满足岗位的要求，自己的人生理想与岗位相吻合。

2）写明基本情况。基本情况包括：姓名、出生年月、性别、政治面貌等，介绍清楚即可；本人的学历、经历、成绩、创新成果、外语水平、计算机等级、获奖情况，尤其是与专业有关的科目，实习工作经验、成绩、见习经验、操作水平等，要突出重点，使学历、经历让用人单位感到与其招聘条件相吻合。还可以简单介绍本人的专长、技能、兴趣和性格。这种介绍要恰如其分，尽可能使专长、兴趣、性格与应聘的职业特点和要求相吻合。

3）写明愿望和要求。在表达求职愿望与要求时，一定要体现求职者的诚意和诚信，表明自己的工作态度和敬业精神。结尾处礼貌性地写明期待对方的回音，希望获得面谈的机会，并附上联系方式和地址。最后，要对阅读者再次表示感谢。

（5）致敬语

正文结束之后，一般通用的致敬语的写法：另起一行空两格写"此致"，转下一行顶格写"敬礼"。当然也可采用其他对机关、团体、企事业单位适用的祝颂词。

（6）署名及日期

在致敬语的下一行右方位置，写上求职人的姓名。无论是打印稿还是手写稿，都应该有求职人的亲笔签名，以表示尊重和负责。在署名下一行靠右写明日期。

此外，要注意求职信的书写要工整，保持书面整洁，勿涂改。如果是打印稿，要注意选择正规的字体，切不可以为了引起招聘单位注意，而将求职信弄得过于花哨。字体大小、行距要调整适中，便于他人阅读。

2. 求职信的写作技巧

（1）实事求是，突出优势

求职信要注意"实"，就是要做到态度诚恳，不夸夸其谈，不招摇撞骗。要如实地写出求职者想从事某项工作所具备的条件，以及选择某项工作的原因。诚实永远是高尚、正直的人们所追求的最美好的品质，更是用人单位用来衡量求职者的重要标准。真诚是赢得他人好感的法宝，是建立良好人际关系的秘诀，也是成功推销自己的关键。在求实的基础上，突出自己的优势与长处，包括专业知识、工作经验、特长、个性、技能等。在介绍专业知识和学历时，可以强调自己的专业特色，但重点应在工作经验和能力上，工作经验是求职信中最重要的部分。

（2）语言精练，简洁美观

求职信书写整洁美观很容易赢得用人单位的好感；相反，则会留下不好的印象。一般而言，求职信以A4的纸张一页为宜。用词要得当，文句要清楚，逻辑要清晰，言简意赅，切勿因彰显个性而长篇大论。

（3）富有个性，真情实感

大学生应充满热情与活力，富于开拓与创新；女性要展示其优雅、文静、端庄、韧性与耐力，男性则要突出其果断、无私、创新、豁达与坦荡。写求职信要讲究感情色彩，充分尊重对方，语言文明高雅，注意谈吐礼仪，以有助于交流思想、传递信息、感化对方。人际关系是人与人之间情感的凝结。我们常用“远、近、亲、疏”来形容人与人之间的感情。人情是人生的精神财富，在人际交往活动中，有了人情，人们就会互相宽容、互相谅解，自愿从对方的利益需要出发考虑问题，并能为对方做出一定牺牲，保持和谐的关系。因此，情感是求职成功不可或缺的重要因素。

3．求职信范文

求　职　信

吴院长：

您好！感谢您在百忙之中抽空阅读我的求职信。

我叫李××，今年毕业于广东省××卫生职业学院护理专业。曾在贵院实习了 10 个月。在毕业之际，我想为贵院的发展尽自己的一份微薄之力。

从我的就业推荐表中您可以看到，我出色地完成了全部学业，成绩优秀，曾多次获得学校奖学金和各类奖项。在贵院实习期间，我担任实习大组长，很好地完成了医务科老师安排的各项工作，也专注于理论和实践的学习，在每一次转科技能考试中成绩优秀。

我性格开朗，热情诚实。我通晓普通话、广州话、潮汕话，擅长主持，喜欢打乒乓球和篮球，为此我多次参与医院的各项文体活动。在实习结束时，我荣幸地被评为“优秀实习生”。

在实习期间我亲身感受了贵院的工作氛围，深知贵院领导十分重视人才，贵院人际关系融洽，团结互助。我深深地爱上了贵院和谐的工作环境，我希望能成为贵院的一员。

我已熟练掌握本专业的基础理论及操作技能。我坚信我有能力胜任护士的工作。

最后，我真诚地希望贵院能给我一个机会。殷切期盼您的答复。

此致

敬礼！

李××

2019 年 6 月 25 日

8.2.2　个人简历的写作方法

一份成功的简历不仅能抓住读者的注意力，还是争取面试机会的良好基础，更是成功就业的基石，是求职准备关键的一步。简历是概括介绍毕业生个人基本情况，并对个人的技能、成就、经验、教育程度、求职意向作一个简单的总结。

1．个人简历基本内容

（1）标题

一般为“个人简历”“求职简历”“×××的简历”。

（2）个人简要情况

个人简要情况包括姓名、性别、年龄、民族、政治面貌、健康状况、婚姻状况、通信地址、手机号码、身高（如有优势）、电子邮箱、照片等。

（3）求职意向

求职意向部分用于表述求职者的愿望（目的与方向），应与招聘职位相符，要表述简明。

（4）教育

教育部分主要是指大学的教育经历，同时包括高中阶段教育经历。一定要依次写清楚所就读的学校、院（系）、专业（方向）、学习和工作经历。目前，比较流行的简历教育时间排序是倒序，由高到低，即高学位、高学历先写，目的在于突出最高学历。

（5）实践活动和社会工作经历

实践活动和社会工作经历部分是简历的主体、核心。大部分在校学生缺少社会工作经历，但在学校所承担的社会工作、组织（参加）活动的情况、假期社会实践活动、参加校外实习实训的工作经历等，都可以在简历中呈现出来。通过实践活动和经历的撰写，可以体现求职者自身的学习态度、组织协调能力、领导能力、团队精神和吃苦耐劳精神等，所以一定要认真对待。

（6）获奖及成绩情况

获奖及成绩情况可以显示专业优势或特长，主要有三好学生、优秀团员、优秀学生干部及奖学金等获奖情况。

（7）职业技能

职业技能主要包括外语、计算机水平、职业资格证书等。与求职意向相关的技能也应当一并写上。

（8）兴趣爱好

如有特殊兴趣爱好，且与所求职务有很大联系，在篇幅允许的情况下，最好写出来，有助于用人单位对你进一步了解。

（9）自我评价

自我评价部分应客观地描述自己，内容要简洁。

2．个人简历制作原则

（1）简洁、美观的原则

一般人平均每次集中注意力的时间不超过 15 分钟，而用人单位认真阅读一份普通简历，平均时间仅为 2 分钟。一般情况下，求职简历的篇幅以 1～2 张 A4 纸为限；简历越长，被用人单位认真阅读的可能性越小。

（2）清晰、准确的原则

简历并不过分强调文采，但一定要表述清楚、逻辑严密、层次清晰，便于阅读和理解，避免把所有信息杂糅在一起，让人理不出头绪。简历的用词、术语及撰写应准确、规范。简历内容应反复修改、斟酌，千万不要出现错别字，尽量少用虚夸的形容词、副词；应正确使用标点符号；文体格式符合要求；恰当地使用管理词汇，既可以充分展示专业水平，又能有效地提高简历档次。

（3）针对性、突出重点的原则

求职者应该根据应聘的岗位要求，有针对性地在简历中呈现自己的才能，并且把它们放在比较突出的位置，这就体现针对性强、突出重点的原则。

（4）真实性原则

简历最首要、最基本的要求就是真实。就是要客观地描述自己，让阅读者产生信任感。在激烈的求职竞争中，想要完美地展示自己，就要对自己与求职目标相关的优势要说够、说透。对于缺点，含蓄一点或适度掩饰都是可以理解的，但切忌盲目吹嘘，捏造事实。

8.2.3 书面求职材料的写作要求和注意事项

1．外观简洁美观

求职材料要求外观简洁、美观，让阅读者有舒适感。纸张的质量、内容设计排版、字体的大小等，都要求做到庄重、整洁和大方。随着互联网资源的丰富，网上有很多现成的模板，求职者可以选择自己喜欢的模板，在线生成简历。但是，求职者应根据自身的实际情况进行选择，在做到美观的同时，也要合理展示自己的特点和经历。

2．内容真实恰当

求职材料是对自己学生生活的全面总结和反映，在内容上必须真实，切忌为赢得用人单位的好感而弄虚作假。

3．整体合理规范

求职材料不仅用纸、格式要规范，而且填写的术语也要规范，言语简明通顺，不出现错别字和病句。如果简历中存在错别字或病句等类似错误，就意味着个人不细致或对待简历态度不认真，这样必然给用人单位留下不好的印象。

4．感情诚恳自信

新时代的大学生应勇于自我推销，应该在对自我有正确认识的基础上，充满自信，字里行间充分展示自己的能力与特长。情感要真挚诚恳，既不目空一切，也不妄自菲薄。

5．突出重点特色

求职材料不能“千人一面”，也不能“张冠李戴”。求职材料的制作应根据自己的具体情况和所求职岗位的不同而有所差异，充分体现求职者的个性，充分展示与岗位要求相匹配的知识与能力。切忌直接从网上下载，盲目套用，要懂得根据自身情况，扬长避短，制作一份适合自己的求职材料。

知识拓展

求职材料封面设计

求职材料的封面主要包括毕业院校、个人姓名、所学专业、联系方式等要素，一般采用毕业院校专为毕业生设计的以学校标志性风景为图案的封面模板。如果要想在

众多求职者中脱颖而出，制作出富有创意和鲜明个性的封面就显得非常必要。面对网络中提供的众多参考模板，毕业生可一定要注意保持清醒，尽量选用符合大多数人审美情趣的图案、词句；封面用色应浓淡适宜，一般情况下，采用的图案造型应端庄大方。

（资料来源：http://www.doc88.com/p-9893608781522.html.）

用人单位挑选简历的5个标准

1．过长的简历毫无作用

简历的长度和厚度：有研究表明，用人单位平均在每份简历上花费1.4分钟。一般会阅读1页半材料。过长的简历毫无作用，而且不容易突出重点。在简历后附上一大堆证明材料的做法并没有增加录取机会，不过也没有发现负面的影响。

2．硬性指标要过硬

选择方法：约有20%的用人单位承认会使用一些级别较低的行政人员来处理简历，这些人员会有一些硬性的选择标准。另有45%的用人单位进行初选时，也基本只关注这些硬性指标。

常见的标准：①英语水平；②户口情况；③专业背景；④学校名声；⑤在校成绩。值得注意的是，这些标准不一定会在招聘要求中注明，但求职者一定要心里有数，相关的信息尽量提供齐全。

3．外资企业重视外语水平和学校名声

中国的企业和外资企业在招聘上的关注点有一定区别。总的来讲，外资企业更重视外语水平和学校名声。越是热门的外资企业，越是关注在校成绩和表现。建议求职者制作简历要突出重点。

4．总体印象重要、所学课程次要

只有23%的人能在半小时后大体描述他所看过的简历上求职者具体经历和职位。是学生会副主席还是部长并不重要，关键是不要给人留下一个书呆子的印象。很多应聘者简历上会列出自己所有的学习课程，只有4%的用人单位会仔细阅读。

专家建议：可以列出，但必须是最重要的课程。

5．简历表达好可以增加录取机会

符合要求的表达非常重要。同一个人的简历，经过专家修改，可以增加43%的录取机会。简历的常见问题是表达不简洁，用词带过多感情色彩，英语表达不规范，过长无重点，格式不规范等。

（资料来源：吴应磊，2012．大学生职业生涯规划与就业指导[M]．济南：山东人民出版社：150．）

8.3 面试礼仪

面试就是用人单位对求职者面对面的考查与测试。用人单位可以借此考核应聘者各方面的能力，看其是否是自己需要的人才。礼仪是敲开职场大门的法宝之一，面试时彬彬有礼，会给用人单位留下良好的第一印象。每个求职者都应清楚第一印象的重要作用，它将决定着一个人未来的前途和命运。

求职者除了向用人单位充分展示自己的专业才能及其他能力，得体的仪表、不俗的谈吐、优雅的举止及良好的风度能给用人单位留下深刻印象，使自己从众多求职者中脱颖而出，得到用人单位的肯定。

按照面试的流程，面试的礼仪包含三个部分：面试前的准备、面试中的礼仪、面试后的礼仪。每个部分都很重要，每一个细小的环节都可能决定求职者面试成功或失败。

一场真正的面试，绝不只是面试的几分钟或十几分钟，而是从面试前就开始了。面试前应该做好以下的几点准备。

8.3.1 面试前的准备

1. 充分了解用人单位

求职面试时，首先要全方位了解所要面试单位的具体情况，尽可能详细地分析用人单位的现状，最好能有自己独到的见解，这在面试过程中将大有裨益。如果在面试前对用人单位状况一无所知，当考官问及求职者对用人单位现状的了解时，肯定会出现冷场的局面，考官会认为求职者态度不端正或不尊重他，结果当然是求职者被淘汰出局。全面衡量自己的能力，认真谨慎地选择求职岗位，仔细考虑在该单位应聘什么样的岗位才有利于个人价值的实现。

2. 准备书面求职材料

面试前一定要进行充分的准备。准备好公文包或文件夹、个人简历、身份证、学历证书、获奖证书等材料，文件的正本和复印件，有备无患。所有材料都应该平整、有序地放在公文包或文件夹里。此外，还应准备好笔和笔记本。材料准备是否齐全，排列是否有序，这不仅是用人单位衡量求职者是否有责任心、做事是否有条理的重要途径，也是求职者是否掌握求职礼仪的重要表现。

3. 事前做好心理准备

面试前，求职者或多或少都会有紧张感，这是正常现象。求职前的几周内，要加强身体锻炼，保证睡眠，保持充沛的体力。不做过于劳累辛苦的事情，不从事过于紧张、刺激的活动，保持心理稳定与愉悦。在面试前，调整好心理状态，才能有助于面试。

4. 提前查找交通路线

接到面试通知后，求职者要提前查找交通路线，以免面试迟到。留出充裕的时间去搭乘或转换车辆，并将一些意外情况考虑在内。

5. 注重求职仪容仪表

（1）仪容

保持仪容整洁是取得用人单位良好第一印象的前提。在仪容方面，要求求职者保持良好的精神面貌，注意个人清洁卫生。男士应该保持头发干净、清爽，避免头屑遗留在

头发或衣服上。发型要简单，大方。要求前不盖额、侧不遮耳、后不及领，同时要注意将胡须剃干净。女士应该要保持端庄、大方的形象，发型既要与自身和谐，也要保持简约、典雅、端庄，注意不染彩色头发。女士应该化淡妆，不宜浓妆艳抹，要给人一种清新、淡雅的视觉感受。另外，指甲应整洁，修剪要得体，忌涂彩色指甲油。

（2）服装得体

服饰体现穿着者的个性、内涵及审美品位等，在一定程度上反映了一个人的文化素养。面试时尽量穿正装，服饰应该端庄整洁，自然大方，符合求职者的身份及所应聘的职位。合乎自身形象的着装会给人以干净利落、有专业精神的印象。男士应显得干练大方，女士应显得庄重大方。

男士西装颜色应以黑色、灰色或深蓝色为宜。衬衣以白色或浅色为宜，这样较好配领带和西裤；衬衣一定要干净，若有污秽之处则会令用人单位对你印象不佳。领带颜色注意与西装和谐。皮鞋以黑色为宜，要擦亮、擦干净。袜子必须是深灰色、蓝色、黑色等深色，切忌穿白色袜子。

女士应穿着朴素、大方的裙装套装，不能穿过分前卫新潮的服装，一般不能穿运动装、T 恤、透明轻薄面料服装。鞋子应以中跟鞋为宜。此外，还要注意不佩戴过于标新立异的饰物。

此外，求职者还要特别注意口腔卫生，一定不要食用大蒜等带有强烈异味的食物，以免引起考官的反感。

8.3.2 面试中的礼仪

面试环节就是整个应聘中最为关键的一个环节。掌握面试中的礼仪，能够更好地帮助求职者实现就业理想。

1. 形象礼仪

根据面试的要求，求职者必须在面试前做好仪容仪表的整理，而且应该注意在整个面试的过程中保持美好形象，给考官留下良好的第一印象。

2. 守时礼仪

时间观念是考验一个人做事态度的准绳，也是面试时最基本的礼仪。任何一场面试的具体时间和地点，用人单位都会提前告知求职者。求职者应该按照通知的时间，提前到达招聘地点，一般以提前 15～20 分钟为宜。提前到达，既可以整理着装，检查妆容，又可以稳定情绪，做好求职的身心准备。若因为某些特殊原因，无法准时到达，那应该提前电话告知并表示歉意，在到达招聘现场后，也应该诚恳地向面试官道歉，表述要清晰简洁。

3. 举止礼仪

面试时，求职者应该注意举止规范、自然大方。

（1）从容入场

求职者进入面试场所时，要注意先敲门，敲门声音不宜过大，一般以敲三下为宜，待应答后方可进入。如果房门处于开放状态，也应该轻轻叩门。进入面试场地，步态应自信稳健，面带微笑，彬彬有礼地与考官打招呼。

（2）礼貌就座

考官允许就座时，才能在指定的位置入座，否则会被视为傲慢无礼。入座前向考官表示感谢。入座时最好只坐椅子的 2/3，两腿并拢，挺胸收腹，头正颈直，双腿不要晃动、交叠等，身体可稍稍前倾，这样显得充满活力（图 8-1）。另外，自己随身带的公文包或皮包，不要挂在椅子背上，可以把它放在自己坐的椅子旁边或背后。双手要放在适当的位置，不要有玩领带、拨弄头发等多余的动作。

（3）面试表情

求职者应当面带微笑与考官保持目光接触，以示对考官的尊重。目光停留在考官的鼻梁处，每次 15 秒左右，然后自然地转向其他地方，如望向考官的手、办公桌等其他地方，切忌直盯着考官，但目光不要到处游移，因为这是缺乏自信的表现。

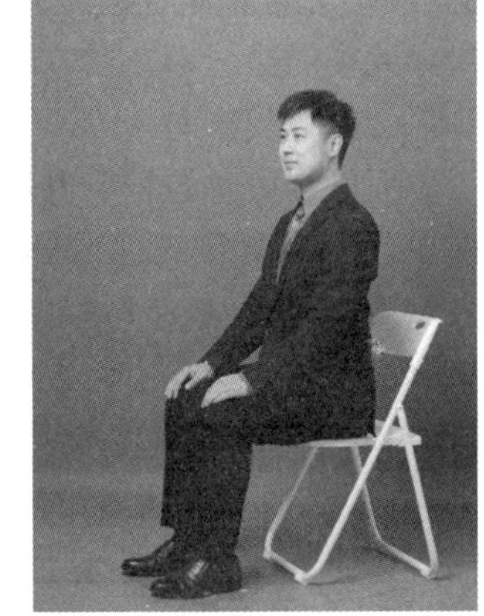

图 8-1　面试坐姿

4．交谈礼仪

面试中，求职者要进行简短自我介绍和回答考官的问题。考官会根据求职者的表现情况决定是否录用，因此掌握良好的交谈礼仪是十分重要的。

（1）自我介绍的礼仪

自我介绍，是考官认识求职者的基本方式。自我介绍会对自我形象的塑造产生持久的影响。首先，应该事先准备好自我介绍的讲稿，熟记于心。其次，自我介绍的内容应该客观、真实，有针对性地介绍与应聘岗位相关的内容，尤其是自己的特长与优势，要突出重点，富有个性，逻辑要清晰；注意语言流畅生动，轻松自然，也可以适时使用幽默的语言。最后，要充满自信，态度诚恳，落落大方。

（2）态度谦虚有礼

与考官交谈时，要保持谦虚文雅，神态自如，目光亲切，语气平和，语调适中，语速适宜，语言要文明。

（3）保持积极自信

面试时考官一定会设置问题，求职者回答问题时一定要将自信的一面表现在考官面前，要切合实际地发表自己的见解，要有条理、有逻辑，但不宜展开详述。

（4）要认真倾听

面试时，当考官在介绍情况或提问时，求职者应当认真聆听，让自己获取更多的信息。不要贸然打断考官说话，这是非常不礼貌的。如果考官提出的问题过“大”，不知从何答起，求职者可将问题复述一遍，确认其内容，这样才会有的放矢，不至于南辕北辙、答非所问。

（5）要把握重点

首先，一般情况下回答问题要结论在先，论述在后。也就是说，先将中心意思表达清楚，再作叙述；其次，回答问题要有重点，对于用人单位有兴趣的话题可以多讲，不

感兴趣的话题要少讲或不讲。要留意考官的表情，如果对方的眼神或表情表现出对所涉及的某个话题已失去兴趣，应该尽快将话题结束。

5．告别礼仪

面试接近尾声，求职者也应当保持风度。

（1）及时告辞

考官认为应该结束面试时，往往会说一些暗示的话语，如“我很感激你对我们单位的关注”“谢谢你对我们工作的支持”“我们一作出决定就会立即通知你”。求职者听了诸如此类的暗示语之后，就应该适时告辞。

（2）礼貌致谢

面试结束时的礼节也是用人单位考查录用的一个因素。首先，不要在考官结束谈话前表现出浮躁不安、急欲离去的样子；其次，告辞时，应真诚地向对方表示感谢，并且表示期待再次与××先生（小姐）面谈，表示出期望成为该单位一员的愿望和为能进该单位而感到自豪等。走的时候，如果有秘书或接待员接待或招待过你，也应向他们致谢告辞。

面试结束时的礼仪必不可少，即使你的实力不及别人，至少在礼仪上不能逊色。即使你在面试过程中的表现没有其他人好，至少在结束时给考官留下一个良好的印象。

知识拓展

注意交谈心态

应届毕业生初次应聘，如何摆正自己的心态在很大程度上关系着面试的成败。

（1）展示真实的自己

面试时切忌伪装和掩饰，一定要展现自己的真实实力和真正的性格。有些毕业生在面试时故意把自己塑造一番，有的毕业生明明很内向、不善言谈，面试时却拼命表现得很外向、健谈。这样既不真实，也很难逃过有经验的考官的眼睛，不利于自身的应聘成功。

（2）以平等的心态面对考官

面试时如果能够以平等的心态对待考官，就能够避免紧张情绪。特别是在回答案例分析类问题时，一定要抱着我是在和考官一起讨论这个问题的心态，而不是觉得他在考自己，这样就会做出很多精彩的论述。

（3）态度要坦诚

考官一般都认为做人优于做事。所以，面试时求职者一定要诚实地回答问题，面试时的欺骗行为是不利于以后发展的。

（资料来源：侯同运，2014．大学生职业发展与就业创业指导[M]．济南：山东人民出版社．）

8.3.3 面试后的礼仪

许多求职者只留意面试时的礼仪，忽略了面试后的善后工作。事实上，面试结束并不意味着求职过程的完结。对于面试后的礼仪，求职者还必须加以注意。

1. 写信感谢

为了加深考官对求职者的印象，增加求职成功的可能性，面试后的两三天内，求职者最好给用人单位打电话或写信表示感谢。感谢电话要简短，最好不要超过 3 分钟；感谢信要简洁，最好不超过一页纸；感谢信的开头应提及你的姓名及简单情况，以及面试的时间，并对用人单位表示感谢；感谢信的中间部分要重申你对该单位、该职位的兴趣，增加一些对求职成功有用的新内容；感谢信的结尾可以表示求职者对自己的信心，以及为该单位的发展壮大做贡献的决心。

2. 适时询问

在一般情况下，每次面试结束后，考官都要进行讨论和投票，然后送人事部门汇总，最后确定录用人选。这个阶段可能需要三五天的时间。求职者在这段时间内一定要耐心等候消息，不要过早打听面试结果。如果在两个星期内，或者用人单位作决策所需的一段合理时间之内没有得到任何信息，可以给负责人打个电话，问他“是否已经作出决定”，这个电话既可以表示出求职者的兴趣和热情，还可以从负责人的口气中听出自己是否有希望得到那份工作。

当然，求职者要明白，随着经济的飞速发展，人才竞争相当激烈，要想获得一份理想的工作并不是一件易事。通过重视与学习求职礼仪，掌握求职面试礼仪，在求职过程中遵循相应的礼仪规范，能够帮助求职者提高求职的成功率。

知识拓展

细节决定成败

多年前，企业家王总在网上发布了一条招聘信息，欲招聘行政助理一名。网上自荐者很多，王总从中选出了十人进行面试，最后选择了一名并不出色的毕业生张睿。

王总选择张睿的理由有以下几点：

一是张睿进门后将门轻轻关上，这表明了他的细心。

二是张睿一进门便向进行面试的王总微笑示意，并很熟练地回答王总的问题，这表明了他的文明礼貌与精心准备。

三是王总故意扔在地下的一本书，只有张睿捡了起来，这表明了他的沉着与冷静。

这个案例对于求职者的启示是细节决定成败。

还有一个著名的例子就是金利来品牌的创始人曾宪梓在面试求职者时，出过一道有趣的测试题：将一把扫把倒放在办公室的门口，但并不是所有的求职者都能将扫把扶起来，曾宪梓最后录取的是那些能将扫把扶起来的求职者。他的原因非常简单，不愿意以举手之劳将扫把扶起来，说明了这个人要么是观察问题不仔细，要么是不敏捷，要么是太懒散。

时下在许多求职者中，有不少人求职时不注意这些细节问题，而是一味地标榜自己的素质，殊不知其言谈举止却是一种现身说法，这些至少证明了一个人的修养程度，而个人的修养是伴随人一生的财富，是成就大业的基础，因此，求职者在求职时，不可不注意这些细节。

（资料来源：许晓辉，王庆波，2013. 大学生就业力培养与职业发展[M]. 沈阳：辽宁人民出版社.）

课后练习

1．模拟应聘（面试）。

活动背景：某医院拟招聘 5 名护理专业高职毕业生。

活动目的：熟悉掌握求职面试礼仪的基本要求和规范。

活动规则：选择多名同学面试护士岗位。选择 3 名同学扮演考官。准备物品，包括桌椅、笔、面试的相关材料、求职者面试评分表。根据面试，对求职者进行打分。讨论交流，求职者在面试过程中存在什么问题，如何改进？

注：面试评分表的评分内容应该包括整体印象（面部表情、动作姿势、着装打扮）、自我介绍、语言表达能力、应变能力等。

2．制作简历。

以小组为单位，要求每个同学制作一份简历，应聘岗位为护士。制作完成之后，小组内互相阅读，互相交流评价。思考总结如何做出一份规范美观的简历。

3．面试结束后有哪些礼仪？

4．李明明天要参加某市医院的护士招聘，他应如何准备自我介绍？需要准备什么求职材料？

案例分析

拘谨的小琳

小琳，是 × × 医学职业学校的毕业生。今天经人介绍到医院应聘。她性格比较内向，平时也不善交际。来到考场门口，小琳径直推门进去，怯生生地对考官笑了一下，坐在椅子的边上，双手时不时地搓着，两条腿也不停地抖动，感觉极为紧张。在面试过程中，小琳的眼睛始终不敢直视考官，一直望着地面。最后，小琳因为面试环节的成绩太低，而无法进入复试环节。

小琳的面试礼仪存在什么问题呢？面试的时候有什么需要注意的地方？如何做才能提高求职成功率呢？

本章小结

本章系统地介绍了求职礼仪的相关内容，包括求职时应该准备的资料，求职信和个人简历的写作方法，求职面试中应该注意的礼仪。作为大学生，应该清楚地意识到，是否掌握求职礼仪，有没有给用人单位留下美好印象，直接影响到求职的成功与否。因此，学习求职礼仪，既可以提高求职者自身的整体综合素质，也是敲开事业大门的重要环节。

社交礼仪

学习目标

1. 了解中西餐宴会中的礼仪。
2. 熟悉宴会中的注意事项。
3. 掌握拜访接待礼仪。

中国素有“礼仪之邦”之称，在全球一体化的今天，社交礼仪也逐渐成为人们日常生活中增进感情的一种交流方式。人与人之间的社交方式多种多样，但无论哪一种，都需要人们遵守一定的社交礼仪规范。

9.1 拜访接待礼仪

拜访与接待是最常见的社交形式，是联络感情、扩大信息来源、增进友谊和沟通关系的有效方法。在社会交往中，由于个人礼仪修养的差异，有的人处处受欢迎，有的人却让人唯恐避之不及。因此，要达到交际的目的，必须掌握拜访接待的礼仪。

9.1.1 拜访礼仪

拜访，又称拜会或拜见。拜访作为一种重要的交际方式已经越来越受到人们的重视。它一般是指个人或者单位代表以客人的身份去会晤对方、探望对方，以达到某种目的的社交方式。不论是在私人交往中还是在公务交往中，拜访都是一种典型的社交方式。

1．拜访准备

（1）事先约定

事先约定是拜访礼仪中最重要的一项，也是首要的礼貌准则。拜访他人，必须事先有所约定。若贸然造访他人，一是有可能会扑空，二是会扰乱受访者的计划，会显得很没有教养。

从某种意义上来讲，拜访他人必须要预约在先，这样做既体现了个人的教养，又会给对方留下一个良好的印象，更是对受访者的尊重。因此，这一步至关重要。

如果事先已经约好，应该遵时守约、准时到达。如果确实有其他意外情况发生而不能赴约或者需要改期，应该提前通知对方并表示歉意。因为爽约或者迟到都是不适宜的行为，也会令自己的形象大打折扣。

预约拜访时，需要重视的有以下几个方面的内容。

1）预约时间。在预约拜访时，一定是要在双方都有意愿的前提下，协商到访的时间及相关事宜。拜访的时间选择要以不妨碍对方为原则，选择对方方便的时间为宜。拜访者要对受访者提出的具体时间予以优先考虑。

2）预约地点。预约的地点要视具体目的而定。公务拜访应选在办公室，私人拜访则应该选择在受访者家中或附近方便的地点。

3）预约形式。无论哪种形式的拜访，预约的形式大多以电话预约、当面预约或信函预约为主。在日常交往中，除熟人用电话联系外，信函预约是主要形式。约见信函行文语气必须婉转诚恳，并且有礼貌，内容不要太详细、具体。简单说明见面的理由，并提出一个合适时间和地点请示对方同意。

4）约定人员。在预约拜会时，主宾双方均要事先向对方说明届时到场的具体人数及各自的身份。在公务拜访中，这一点尤其重要。

通常，在主宾双方都约定好时间后，便不能随意变动。如果真的有特别重要而紧急的事情，一定要提前向对方说明情况并表达歉意。

（2）赴约准备

双方约定后，为了能更好地达成拜访目的，拜访者要认真做好赴约准备。

1）仪表修饰得体。如果是正式的公务拜访，穿着打扮要整齐大方，干净整洁，符合职业的特点和要求。如果是朋友之间的拜访，虽不必太过讲究，但也要整洁大方，修饰得体。

2）内容准备充分。一般来说，拜访他人都有一定的目的性，如需要商量事情或拟请对方帮忙做一些工作等，因此拜访前应准备好相关内容的材料，以免措手不及，影响拜访目的的实现。此外，还应考虑怎样与对方交谈更为妥当，特别是拜访身份高者或年长者，更要注意谈话的内容，选择对方最能接受的方式进行谈话。

3）准备赠送礼物。赠送礼物是社交应酬和拜访的需要，也是交际活动的重要手段。恰当地选送一些礼物，往往有助于联络感情、密切关系、加深友谊。因此，礼尚往来也是初次交际活动的一项内容。礼物选送应轻重得当、合乎时宜、不落俗套。好的礼物可使受访者倍感珍贵，达到增进感情的目的。

2．拜访礼节

（1）如约而至

拜访时，最大的忌讳就是迟到。宁可早到 10 分钟也不可迟到一分钟；宁可早点出发，也绝对不能让对方空等。在双方确定了约定的时间后，必须如约而至，不要轻易更改时间。假若特殊情况不能早到或者准时赴约，应当尽快打电话通知受访者，不要让其空等，最好向对方表明歉意并说明原因。在下次双方约见时，应再次对上次的失约表明歉意。

（2）礼貌登门

拜访者到达拜访地点后不要着急按门铃，应适当地整理仪容仪表后再礼貌地轻按门铃或者敲门，即使受访者的门是开着的也要如此。敲门时，应当要间隔有序、力度适中地轻叩三下；按门铃时，让铃响两下即可。切不可太过急促，以免惊吓到受访者。

（3）问候致意

进门后，拜访者应当主动向对方问好或者握手，且应当换上指定的拖鞋。如果是初次见面，还应该做一个简单的自我介绍。进入客厅后，应与受访者的家属或者其他在场的客人一一打招呼问好后再落座。

（4）放好物品

拜访者有时会携带物品或者礼品，或者随身携带雨具和外套等，在进门后根据受访者指引的位置放好物品，切不可随意乱放，贵重物品可随身携带，如钱包、手机等。

（5）应邀就座

被邀请进入室内时，拜访者应该要随行于受访者身后，切勿抢先一步，太过随意，或者抢坐尊位等，这样会显得很没有礼貌。一般来说，受访者都会给拜访者留有固定的位置。

在就座时须注意以下三点：一是不要自行找座；二是与他人同时就座时应当相互谦让；三是最好与他人或者受访者一起落座，切勿抢先落座。

在拜访他人时，如还未被相邀入内，切勿随意走动或者不邀而入，或者探头探脑向室内窥视。

（6）言行适当

拜访过程中，受访者倒的茶水要双手接住，不能推让，应从座位上欠身，双手接过，并表示感谢。受访者端上的用品或点心要等年长者先取后自己再取。

在交谈中，拜访者须语言适度，表达准确，不夸大其词，也不要过于谦卑，应自信而不自大。交谈时，除了表达自己的思想观点外，还要注意倾听对方说话的内容、对方的情绪和周围环境的变化，并注意适时做出反应。谈话内容避免涉及受访者不愿提及的话题和个人隐私。

（7）适时告辞

当拜访的目的已达到时，就应起身告辞。告辞前要稳重，不要显得急不可待。最好是自己讲一段带有告别之意的话，或在双方对话告一段落而新的话题没有开始前提出告辞，或者受访者有了新的客人而自己又不认识时提出告辞。

如果来访的客人很多，自己有事需要提前离开，应悄悄地向受访者告辞，并表示歉意，以免惊动其他客人。如被其他客人发现，应礼貌地致歉和告辞。

告辞应该坚决，不要告而不辞。告辞时拜访者应对受访者的热情招待表示感谢，如“谢谢您的盛情招待”“给您添麻烦了”，这是应有的礼貌。

告辞时要同受访者和其他客人一一告别，应主动与受访者或其他客人握手，并使用礼貌用语，如“请留步”“您请回”“再见”等。

9.1.2 接待礼仪

接待和拜访一样，同样可以起到增进联系、提高工作效率、交流感情、沟通信息的作用，也是个人和单位经常运用的社会交往方式。

1．接待准备

无论是个人还是单位在接待来访者时，都希望拜访者能乘兴而来，满意而归。因此，受访者通常应当本着主随客便的原则做好以下几项准备工作。

（1）客人信息

为了妥善安排接待工作，受访者应当提前了解拜访者的相关信息，具体包括以下几个方面的情况。

1）拜访者的总体情况，如来访人数、来访者的职务、性别概况、负责人等。

2）拜访者的整体计划，如访问目的、抵达时间和地点，以及其他事项安排等。因某种原因，相应身份的受访者不能前往，前去迎接的主方接待人员应向来访者做出礼貌的解释。

3）拜访者的个人简况，如姓名、性别、年龄、职务、宗教信仰、健康状况、婚姻状况、生活习惯等信息。

（2）准备工作

1）接待环境应该清洁、整齐、明亮、美观、无异味。受访者要提前打扫房间、庭院，布置迎客的花卉、绿色植物，表现出“欢迎您”的气氛。各种物品摆放要整齐。

2）整洁的仪表服饰表现出对来访者的尊重。受访者应注意仪表清爽，男士应刮胡须，头发整齐干净；女士应适当化妆。

3）根据拜访者的特点，适当准备一点待客的水果、烟具或茶叶等物品，以免手忙脚乱。

4）根据拜访者的目的，准备好需要的相关材料。

5）根据实际需要，适当准备饭菜，预订旅馆客房，以及拜访者返程的车、船、机票等。

2．接待规格

在事务性工作的接待中，受访者应该根据拜访者的身份、来访目的及其与自己的关系安排接待的级别。一般来说，安排合适的人员出面接待很重要，这是对拜访者的尊重，也说明了受访者的友好态度。因此，要根据拜访者的身份确定接待规格。

(1) 对等接待

对等接待是指主要陪同人员与主要拜访者的职位相当的接待。这是最常用的接待规格。

(2) 高规格接待

高规格接待是指主要陪同人员比拜访者的职位要高的接待，表示对来访对象特别的重视和友好。

(3) 低规格接待

低规格接待是指主要陪同人员比拜访者的职位要低的接待。在工作中采用低规格接待，往往是由于陪同人员所在单位的级别低，如公司董事长到分公司视察，由分公司经理出面接待，只能是低规格接待。

3. 接待步骤

(1) 迎接拜访者

当接到拜访者后，应礼貌地问候对方，并且要说“您一路辛苦了”“欢迎您莅临我们单位”等。然后向对方作自我介绍，如果有名片，可赠予对方。

(2) 安排住宿

在接待拜访者时，作为东道主，要提前安排好住宿，并且帮拜访者办理好手续。同时，向拜访者介绍住处的服务和设施，将活动的计划、日程安排交代给拜访者，并把准备好的地图或旅游图、名胜古迹等介绍材料送给拜访者。

将拜访者送到住地后，受访者不要立即离去，应陪拜访者稍做停留，热情交谈，谈话内容要让拜访者感到满意，如拜访者参与活动的背景材料、当地风土人情、有特点的自然景观、特产、物价等。考虑到拜访者一路旅途劳累，受访者不宜久留，让拜访者早些休息，将下次联系的时间、地点、方式等告诉拜访者。

知识拓展

晏子使楚

晏子出使楚国。

楚国君臣知道晏子身材矮小，在大门的旁边开一个小门请晏子进去。晏子不进去，说：“出使到狗国的人从狗洞进去，现在我出使到楚国来，不应该从这个洞进去。”迎接宾客的人带晏子改从大门进去。

晏子拜见楚王。楚王说：“齐国难道没有人了吗？怎么派你来呢？”晏子回答说：“齐国的都城临淄有 7500 户人家，人们一起张开袖子，天就阴暗下来；一起挥洒汗水，就会汇成大雨；街上行人肩膀靠着肩膀，脚尖碰脚后跟，怎么能说没有人呢？”楚王说：“既然这样，那么为什么会派遣你来呢？”晏子回答说：“齐国派遣使臣，要根据不同的对象，贤能的人被派遣出使到贤能的国王那里去，没贤能的人被派遣出使到没贤能的国王那里去。我晏婴是最没有才能的人，所以只能出使到楚国来了。”

楚王请晏子喝酒，正高兴的时候，两个官吏绑着一个人到楚王面前。楚王问：“绑着的是什么人？”小吏回答说：“是齐国的人，犯了偷窃罪。”楚王对晏子说：“齐国人本来就善于偷窃吗？”晏子离开座位，郑重地回答说：“我听说过这样一件事，橘

子生长在淮南是橘子，生长在淮北就变为枳子，只是叶子的形状相似，它们果实的味道完全不同。这样的原因是什么呢？是水土不同。现在百姓生活在齐国不偷窃，来到楚国就偷窃，莫非是楚国的水土使百姓善于偷窃吗？”楚王笑着说：“圣人是不能同他开玩笑的，我反而自讨没趣了。”

（资料来源：史毅军，2014．好学生应该具备的 18 种能力[M]．北京：现代出版社．）

（3）待客礼仪

1）茶点。招待拜访者时，茶水饮料最好放在拜访者的右前方，点心水果最好放在拜访者的左前方。

我国习惯以茶水招待拜访者，在招待尊贵的拜访者时，茶具要特别讲究，倒茶、递茶也有许多讲究。上茶时，应在拜访者入座后，取出杯子，当着拜访者的面将杯盖揭开，先烫洗杯子，再放入适量茶叶、沏茶。为拜访者斟茶时，注意倒入水杯的茶水不可太满。民间有“茶满欺人”和“酒要满、茶要浅”的说法。

递茶时，如果拜访者人数多，可以遵循先客后主、先主宾后次宾、先女后男、先长辈后晚辈的原则；也可以进入客厅为起点，按顺时针方向依次上茶；还可以按拜访者的先来后到的顺序上茶。上茶时，应右手在上，握住杯身，左手在下，托住杯底，双手敬上，拜访者应站起或欠身表示感谢，以同样的手势接茶。

请拜访者吃水果前，应将洗净消毒的水果和水果刀交给拜访者削皮。如代拜访者削皮，一般只应削到手指即将碰到的果肉位置为止，以保持水果的清洁卫生。

2）谈话。谈话是待客过程中的一项重要内容，是关系到接待是否成功的重要一环。

① 要紧扣主题，如果是朋友间的交流，应找双方都感兴趣的话题和共同关心的问题交谈。

② 态度和语气。谈话时要尊重他人，不要恶语伤人，语气要温和适中。

③ 认真地倾听，并以相应动作和面部表情予以配合，让对方感觉到很受重视。

3）陪访。陪同拜访者参观、访问、游览时，要事先熟悉情况，安排好交通工具及相关物品。游览时要注意照顾拜访者，要热情礼貌，门票和车票费用尽量由受访者支付。

（4）送客礼仪

送客是接待中的最后一环，处理不好将影响整个接待工作的效果。俗话说，“编筐编篓，全在收口”。送客环节的礼仪表现，既是对一次交往活动的总结，也是为以后的交往活动打基础。

1）婉言相留。无论接待什么样的拜访者，当拜访者准备告辞时，一般应婉言相留。送客时，应在拜访者起身后再起身相送或相留，以免有逐客之嫌。送客时，应与拜访者握手道别，并送到门外或楼下，用热情友好的语言欢迎拜访者下次再来。

2）安排交通。送客时，应按接待时的规格对等送别，做好交通方面的安排，如帮助购买车票、船票或机票，将拜访者送至车站、码头或机场。如果拜访者来访时带有一些礼品，在送别时也要准备一些礼品回赠拜访者。

案例分析

某化妆品公司销售人员小芳要去某公司洽谈年会赞助的相关事宜，负责与该公司洽谈业务的是比较心高气傲的王总。双方见面后，一分钟过去了，王总没有说一句话，连眼皮也没抬一下。小芳注意到，如果不能想办法打破僵局，这次洽谈是没办法继续的，有可能还会给双方的合作带来不利的影响。于是，小芳说："王总，您公司的环境很棒啊，在这么好的环境上班一定特别舒心！"看到王总的眼皮抬了一下，小芳接着说道："刚才我看到您公司的员工一个个都在埋头紧张而有序地工作，接待我的小兰对您很敬仰。您真是管理有方，我们可要多多向您学习呀！"

这时王总终于抬起了头，眼睛里透出一丝笑意。"您办公室的这盆花养护得可真好，既可以净化空气，又美化环境。我回去可要建议我们老总在他办公室也放一盆。您知道这种花哪儿有卖吗？"这回王总终于张开嘴不仅说了在哪儿买的，还讲了一点养护的小窍门。小芳见王总的话匣子终于打开了，就话锋一转说："王总，这就是我们根据贵公司的意愿初拟的一份合作策划案，请您看看……"

在拜访客户的过程中，什么样的情况都可能遇到。在出现僵局的时候，要随机应变，学会变通。人人都喜欢听好听的话，尤其是赞美的话，这叫作"标签效应"。无数拜访案例表明，学会赞美客户是拜访客户的一大技巧。

课堂互动

小红是某医学院校的老师，在周六上午她将第一次单独拜访某医院负责管理学生实习点的主任小兰，预约的地点是医院科教科办公室。对此，小红应该如何进行拜访呢？

要求：以教室为演练场地，两名学生为一组，分别扮演故事中的人物，时间控制在20分钟左右。以表9-1作为评价标准。

表 9-1　评价表

自我评价	学生评价	教师点评

9.2　宴会安排礼仪

宴会是社会交往中比较常见的待客方式。宴会的参加者往往由宴请者和赴宴者组成。宴请者根据活动的目的、内容、经费、人员数量等确定宴会规模和规格。

"夫礼之初，始诸饮食。"餐桌也是社交与联谊的形式，在各种社交活动中，往往要利用宴请这种形式密切人际关系，增强人际交流与情感。

9.2.1　宴会的种类和形式

常见的宴会种类有国宴、正式宴会、便宴、冷餐会、酒会、茶会和工作餐等。通常，这些宴会在宴请形式、隆重程度、出席规格、菜肴匹配等方面各有区别。对西方国家来说，在晚上举行的宴会在规格上和隆重程度上要比在白天举行的意义更加重大。

1．宴会

宴会是一种正规、庄重的宴请活动，有国宴、正式宴会、便宴和家宴四种。

1）国宴。国宴是规格最高的宴会，盛大隆重，礼仪严格。

2）正式宴会。正式宴会通常是指各类社会组织为欢迎来访的宾客，或是来访宾客为答谢主人而举行的宴会。正式宴会规模可大可小，规格可高可低。

3）便宴。便宴用于非正式宴请。通常是组织为招待小批客人、个别采访者、合作者等举行的宴会。一般规模较小，规格要求不高，不拘于严格的礼仪程序，可以不排座次，不做正式讲话，菜单多少不限，宾主可随意交谈，气氛亲切、融洽。

4）家宴。家宴是在家中为招待客人而举行的宴请形式。一般人数较少，不拘形式，客随主便，气氛亲切，比较轻松和自由。

2．冷餐会

冷餐会是西方国家较为流行的宴会形式，主要以冷菜、酒水、点心、水果招待客人。餐具、餐点分别摆在菜台上，由宾客随意取用。冷餐会进行期间，宾主可自由活动、敬酒、交谈。举行大型冷餐会，往往使用大圆桌，设座椅，主桌安排座位，其余各席并不固定座位。食品和饮料均事先放置于桌上，冷餐会开始后，自行进餐。时间一般安排在12:00～14:00或17:00～19:00。

3．酒会

酒会也称鸡尾酒会，主要以酒水为主，略备小吃。饮料和食品由招待员用托盘端送，或部分放置在小桌上自行取用。请柬上一般均注明酒会的起止时间，客人可在此间任何时候入席、退席，来去自由，不受约束。举行的时间比较灵活，中午、下午、晚上均可。这种招待会形式活泼，便于与会者广泛交谈接触。

4．茶会

茶会又称茶话会，是一种比较简单的招待方式。举行的时间多在16:00左右。茶会通常设在客厅，厅内设茶几、座椅，不排座次。为贵宾举行的茶会，入座时应有意识地安排主宾与主人坐在一起，其他出席者随意就座。茶会以茶为主，也配有点心等小吃。

5．工作餐

工作餐是现代交往中经常采用的一种非正式宴请形式，利用进餐时间边吃边谈事情。它的用餐多以快餐分食的形式，既简便、快速，又符合卫生要求。这类活动一般只请与工作相关的人员。

9.2.2 宴会准备礼仪

宴会是一种重要的社交活动，主人应该在宴会前做好以下准备。

1．宴会目的

要使整场宴会举办成功，确定宴会目的是首要条件。要考虑宴会的性质，主宾双方身份、惯例及习俗等多方面因素。

根据宴请目的和主宾情况，选择双方都合适的时间，主要考虑不与宾客的工作、生活安排发生冲突。

另外，宴请时间一般不选择在重大节日、假日，尽量避开对方的禁忌，尤其是涉外宴会。

小型宴会应首先征询主宾意见，最好先进行口头当面约请，也可用电话联系。主宾同意后，时间即可确定，可以按此约请其他宾客。

2．确定地点

1）考虑宴会的规格与档次，规格高的宴会安排在高级饭店或酒店进行；一般规格的宴会则根据情况安排在适当的饭店举行。

2）应选择环境幽雅、卫生良好、设施完备、交通便利的饭店，要与宴会对象的文化素质、身份相适应。

3．发出邀请

正式宴请一般发请柬，这既是礼貌也可起到提醒的作用。请柬一般要提前3～7天发出。已经口头约好的活动，仍应补送请柬，在请柬右上方或下方注明“To Remind”（备忘）字样。须安排座位的宴请活动，为确切掌握出席情况，往往要求被邀者答复能否出席，请柬上一般用法文缩写注明“R.S.V.P”（请答复）字样，如只须不出席者答复，则可注明“Regrets Only”（因故不能出席请答复）字样，并注明电话号码。在请柬发出后，也可以用电话询问能否出席。

4．拟定菜单

根据宴请的目的、规格、季节和时间，本着节俭的原则，在一定标准内安排菜单。选菜主要考虑主宾的喜好和禁忌，如穆斯林用清真席，不喝酒，甚至不喝任何带酒精的饮料；印度教教徒不能吃牛肉；也有因身体原因不能吃某种食品的。有特殊要求，可以单独为其上菜。具体来讲，拟定菜单时应注意以下几点。

（1）合理搭配

要量力而行，懂得中餐荤素搭配、色彩相宜、营养丰富之道，适度而不过量。平常吃饭时，说的“四菜一汤”，就是指两素两荤。

（2）宜选菜肴

安排菜单时，不应以贵为好，特别是涉外宴请时，宜选择具有中餐特色的典型菜肴，如狮子头、宫保鸡丁、鱼香肉丝、麻婆豆腐、蒸饺等，既为家常之食，又具有中餐特色。具有地方特色的菜肴和餐馆的招牌菜，也是宜选之列。

此外，还要考虑到季节，冬季宜选红烧、红焖、红扒、砂锅和火锅等；夏季则以清蒸、白灼、清炒和凉拌为上。

（3）忌选菜肴

安排菜单时，特别要注意避开宗教禁忌、地方禁忌、职业禁忌和个人禁忌。例如，佛教教徒在饮食上禁食荤腥；英美人通常不吃动物内脏、动物的头部和脚爪。每个人的饮食特点和饮食限制不同，也要照顾到个人习惯和禁忌。

5. 席位安排

正式宴请一般均须安排好桌次和位次，因中餐文化和西餐文化的不同，对座次排列也是有着不同的要求，因此，根据席位的排列会遵循各自的礼仪规范。详细的排列方法会在本章的中餐宴会礼仪和西餐宴会礼仪中具体介绍。

9.2.3 宴会赴宴礼仪

参加宴会的人员在赴宴过程中应该注意以下礼仪规范，以体现出良好的气质风度和高深的礼仪修养。

1. 及时回复

当收到宴会的邀请后，应当尽快告知对方能否参加及出席人数。若不能按时出席，一定要提前向对方解释，并表明歉意。在下次见面时，最好再次为上次未能出席的情况深表歉意。

2. 注意形象

在出席重要的场合时，务必要认真对待，无论男女在出门前应适当地整理自己的仪容仪表。在不同的场合，要穿着既符合自己在宴请场合的身份又要突出自己自身气质的衣服。在细节方面更是要给予足够的重视。例如，男士穿皮鞋不能搭配白色袜子，女士不能穿健美裤出席宴会等。

3. 准时赴宴

赴宴者要根据宴请的时间、地点及其他要求准时出席。不要太早到，更不要迟到。太早到，主人如果还未准备好会略显尴尬；迟到，则不仅会给主人带来不便，也会使其他来宾感到不悦。

4. 按位落座

在到达赴宴地点后，要根据主人的安排入座，切不可太过于散漫随便。如果同桌有女士或者长者，应该主动去帮助他们。

5. 适当交际

在宾客全部落座后，尽量和周围的宾客做好交际，以免显得不礼貌。

6．文雅进餐

在进餐时，吃东西要文雅，要闭着嘴巴轻轻咀嚼，不要发出声响，否则有失仪态。

在相互碰杯时，自己的杯沿要略低于对方，以示对对方的尊重；在碰杯时要看着对方眼睛微笑示意并致祝酒词。

在宴会上尽量不要边喝酒边抽烟。不要用手去剔牙，剔牙时可用手或者纸巾遮住。

7．宴后致谢

在宴会未结束之前，不可中途提前离开座位，如果确有非常重要的事，要提前向主人说清楚。在离开前应该要向主人致谢，再告别，并向其他客人告别，再握手告辞，并再次对主人深表歉意，对同席的其他宾客也应该说声抱歉。

案例分析

某投资商听说某市环境特别优越，于是计划到该市进行商业项目的投资。在宴请该企业负责人的宴会上，该负责人发现，酒店居然设置有两名工作人员专门进行拍打蚊蝇的工作，结果该合作没有实现。

提示：小细节往往能反映最真实的情况，宴请一定要选择合适的地点。

9.3 中餐宴会礼仪

中餐宴会比较注重和讲究礼仪。俗语说“民以食为天”，而在我国具有传统风格的中式宴会便是常见的宴请形式。虽然我们每天都在吃中餐，但对于博大精深的中餐礼仪文化不见得完全了解。因此，需要进一步学习中餐宴会礼仪的相关知识。

9.3.1 安排次序

在中餐宴会中，一般需要安排好桌次和座次，一是表示隆重，二是避免混乱，三是为更好地达到宴请的目的。三者都是宴会礼仪的重要内容。

1．桌次礼仪

中餐宴会一般习惯使用圆桌，桌次安排可根据宴会厅的形状来确定。无论多少桌，其排列原则大致相同，在排列圆桌的时候，大致会遇到以下两种情况。

（1）两桌的小型宴请

1）两桌横排。当宴请现场两桌为横排时，其桌次是以右为尊，以左为卑。这样的排序是根据面对正门的位置来确定的，也称为“面门定位”（图 9-1）。

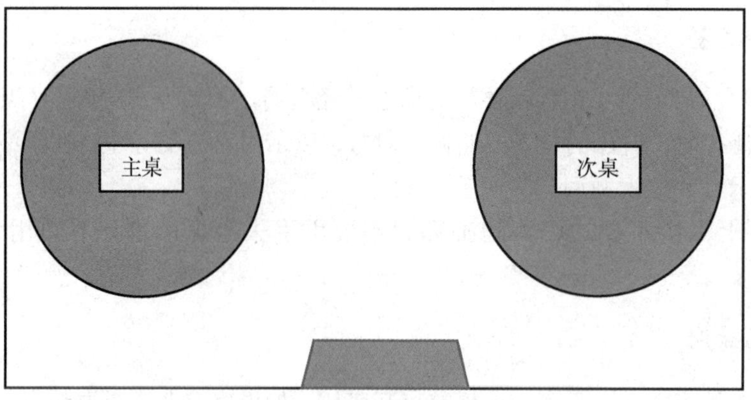

图 9-1　两桌横排时的桌次排列

2）两桌竖排。当两桌竖排时，桌次则讲究以远门为上，以距离正门近的桌为下（图 9-2）。

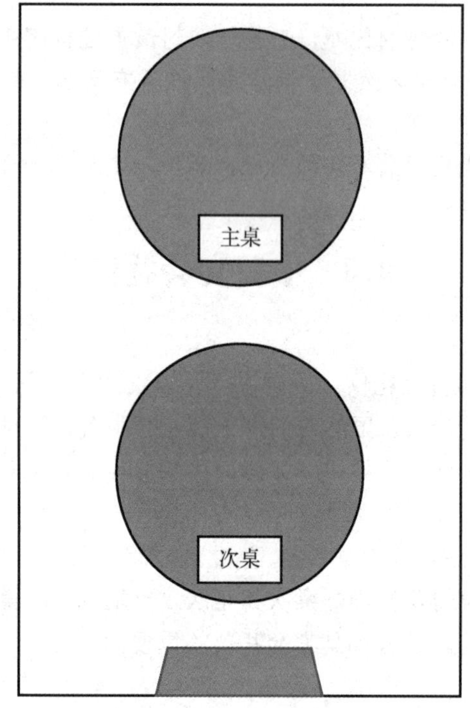

图 9-2　两桌竖排时的桌次排列

（2）三桌或三桌以上的宴请

三桌或三桌以上的宴请也叫多桌宴会，其排列方法除了要注意“面门定位”“以右为尊”“以远为上”等三条规则，还应该考虑主桌的距离。通常，距离主桌越近，桌次越高；距离主桌越远，桌次越低，如图 9-3～图 9-5 所示。

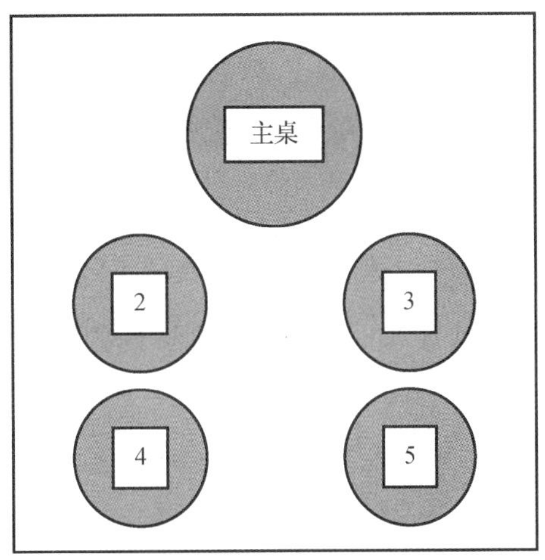

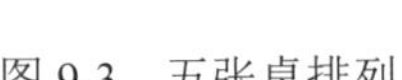
图 9-3 五张桌排列

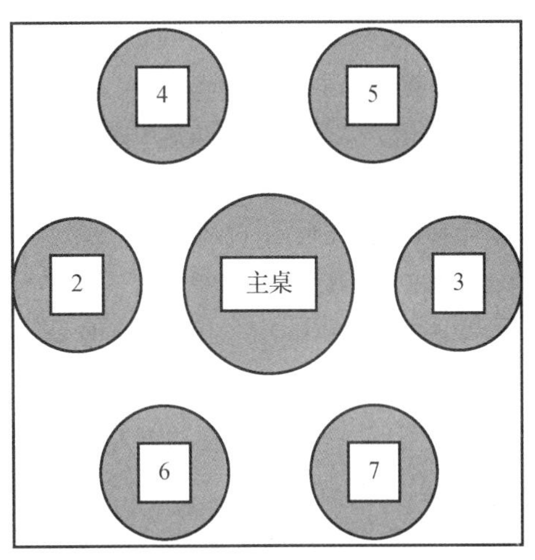

图 9-4 七张桌排列

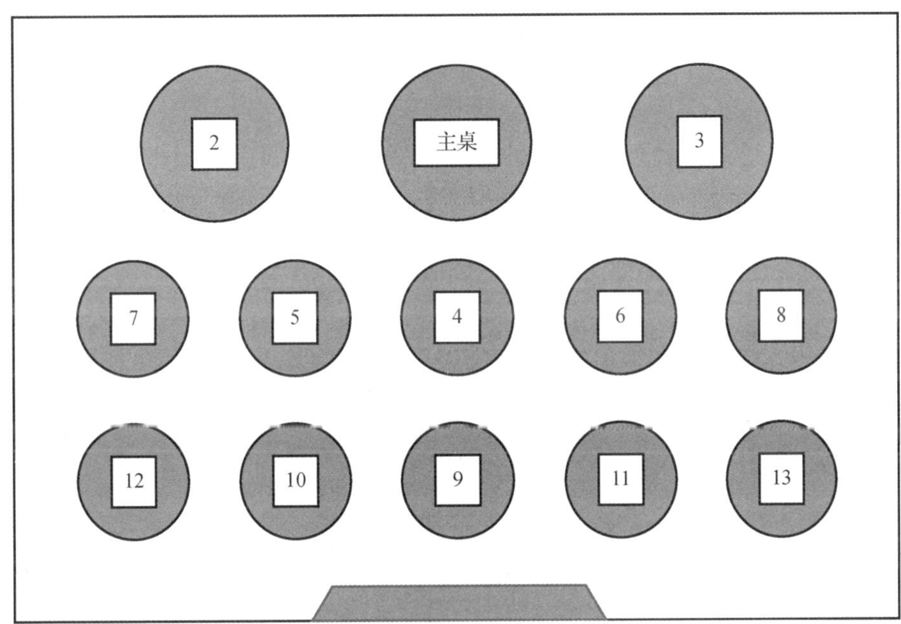

图 9-5 13 张桌排列

2．座次礼仪

在中餐宴请中，一般要遵循以下原则。

（1）面门为上

在用餐时，每张餐桌以面对正门的中间为上座，以背对正门的位置为下座，这就是所谓的“面门为上”。

（2）右高左低

在一张餐桌上，当两人一同并排就座时，通常以右为上座，以左为下座。这是因为在中餐上菜时多以顺时针方向为上菜方向，在右边坐的人要比在左边坐着的人先受到照顾。

（3）居中为尊

在一张餐桌上，如三人同时就座用餐，居中间者位次要高于在两侧就座之人。这种排列方法叫作“居中为尊”。

在排列席位时，若需要进行座次排列，可参照宴请时桌次的排列进行，每张餐桌位次的安排可分为以下两种情况。

1）每桌一个主位的排列。当每张餐桌上只有一个主位时，座次规则排列如下。

① 主人的位置要确定在面门居中的主位上。

② 第一主宾在主人右边就座，第二主宾在主人左边就座。再按照先右后左的顺序依次排列其他座位。

③ 按照“面门而上，居右为尊”这个原则，在宾位之间依次排列主方其他陪同人员的位置，并做到主客相间。

每桌一个主位的座次排列如图 9-6 所示。

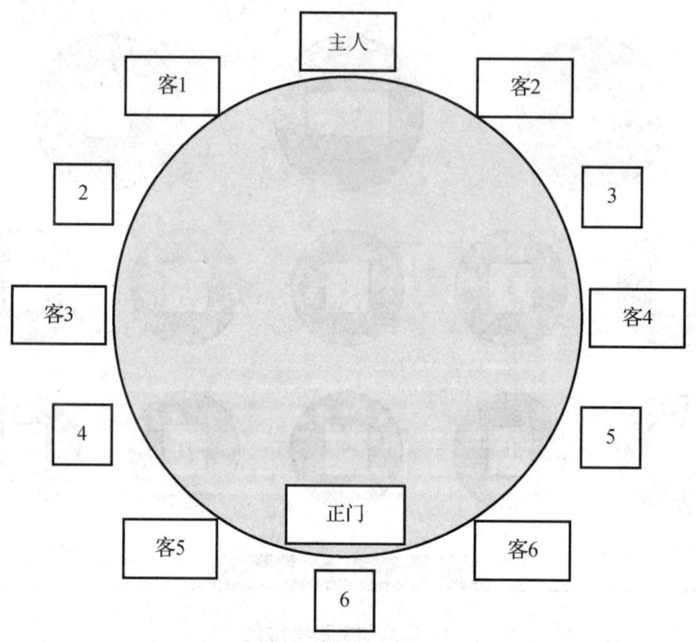

图 9-6　每桌一个主位时的座次排列

2）每桌两个主位的排列。在中餐宴请中，如果夫妻双方共同出席，以男主人为第一主人，女主人为第二主人。座次的排序如下。

① 将男主人的位置确定在面门居中的主位上，女主人的位置在男主人的正对面。

② 将男主人右侧和左侧的第一个位置分别确定为第一主宾位和第三主宾位，女主人右侧和左侧的第一个位置分别确定为第二主宾位和第四主宾位。

每桌两个主位的安排如图 9-7 所示。

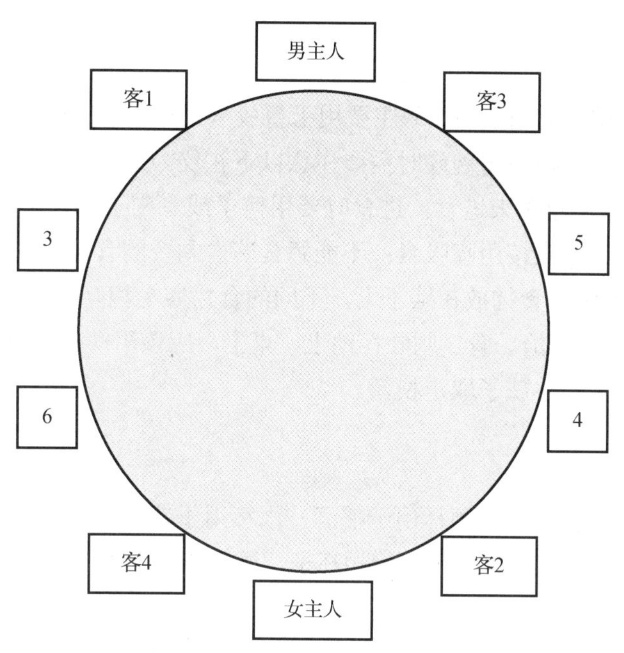

图 9-7 每桌两个主位时的座次安排

9.3.2 餐具使用

与西餐不同，中餐的一大特色是餐具有所不同。中餐的餐具主要有筷子、勺子、碗碟、杯子等。用餐人员在使用这些餐具时应当遵循以下基本礼仪。

1．筷子

筷子虽然用起来简单、方便，但是也有很多需要注意的细节。

1）不管是饭前还是饭后，都不要用筷子敲碗。

2）不要用自己已经使用过的筷子去为别人夹菜，也不要在装满菜的碟子里拨来拨去，或者一次性夹菜过多。

3）夹菜时筷子上不要有残留的食物。

4）不要举着筷子与别人交谈，说话时要把筷子放在筷架上，或并齐放在饭碗旁边。

2．勺子

中餐里勺子的主要作用是舀取流质食物或者液体的汤汁等。在使用勺子时，应该注意以下礼仪。

1）用勺子取食物时，切记不可舀得过满，以免溢出来弄脏餐桌或衣服。在舀取食物后，可在原处停留片刻，等汤汁不再往下流时再移过来享用。

2）在不用勺子时，应当把它放在身前的碗或者碟子中，不要直接放在餐桌上。

3）若是取的食物过烫，不可用勺子舀来舀去，不要用嘴巴对着勺子吹气，应把食物先放到碗里，等食物凉了之后再吃。不要把勺子直接塞到嘴里。

3．碗碟

中餐的碗主要用来盛放食物，碟主要用于暂放从菜盘里取回的菜肴，在使用方面上二者的功能大致相同。在使用碗碟时需要注意以下礼仪。

1）不要用双手端起碗来进食，进食时要用筷子或者勺子加以辅助；切勿直接用手取用，或不用任何餐具直接用嘴吸食；不能舔食碗内剩余的食物。

2）不要取放过多的食物放在碟子上，不同的食物容易相互串味且极不美观。

3）不要将食物的残渣、骨、刺吐在地上、桌上，应该用筷子轻夹取放到碟子前端，必要时可以示意服务员将碟子取走换新。

4．杯子

杯子有酒杯和水杯之分，酒杯用于盛酒，水杯用于盛放清水或者果汁及其他饮料，二者分开使用。需要注意的是，不要倒扣杯子，更不能将喝入口中的酒或者饮料再吐回杯中。

知识拓展

姜子牙与筷子

有个故事流传于四川等地，说的是姜子牙只会直钩钓鱼，其他事一件也不会干，所以十分穷困。他老婆实在无法跟他过苦日子，就想另嫁他人。

这天姜子牙钓鱼又两手空空回到家中，老婆说：“你饿了吧？我给你烧好了肉，你快吃吧！”姜子牙确实饿了，就伸手去抓肉。窗外突然飞来一只鸟，啄了他一口。他疼得“啊呀”一声，肉没吃成，忙去赶鸟。当他第二次去拿肉时，鸟又啄他的手背。姜子牙犯疑了，鸟为什么两次啄我，难道这肉我吃不得？他第三次去抓肉，这时鸟又来啄他。姜子牙知道这是一只神鸟，于是装着赶鸟一直追出门去，直追到一个无人的山坡上。神鸟栖在一枝丝竹上，并呢喃鸣唱：“姜子牙呀姜子牙，吃肉不可用手抓，夹肉就在我脚下……”

姜子牙听了神鸟的指点，忙摘了两根细丝竹回到家中。这时老婆又催他吃肉，姜子牙于是将两根丝竹伸进碗中夹肉，突然看见丝竹哧哧地冒出一股股青烟。姜子牙假装不知下毒之事，对老婆说：“肉怎么会冒烟，难道有毒？”说着，姜子牙夹起肉就向老婆嘴里送。老婆脸都吓白了，忙逃出门去。

姜子牙明白这丝竹是神鸟送的，任何毒物都能验出来，从此每餐都用两根丝竹进餐。此事传出后，他老婆不但不敢再下毒，而且四邻也纷纷学着用竹枝吃饭。后来效仿的人越来越多，用筷吃饭的习俗也就一代代传了下来。

（资料来源：牛立红，2013．发明创造[M]．北京：企业管理出版社．）

9.3.3 上菜礼仪

中餐宴请中，上菜讲究一定的顺序，先凉菜后热菜，先炒菜后烧菜。上菜的顺序一般为冷盘（凉菜）—热菜—主菜—汤—点心—果盘。在上菜时，应该把新上的菜摆在桌子正中或主宾前；上菜和撤盘应从就餐者的左侧或者右侧进行，但应该避免在第一主人或第一主宾的身边操作；上菜节奏应该根据宾客的要求和进餐速度进行灵活把握，以防菜品堆积成空盘、空台的现象。

9.3.4 进餐礼仪

在中餐宴请就餐时，宾客应当注意以下几个礼仪细节。

进餐时，应等主人邀请、主宾动筷时再拿筷，要细嚼慢咽，小口进食，不要大快朵颐，发出不雅的声音。

用餐过程中，尽量拿取离自己较近的菜肴。取菜要适量，不要用筷子在餐盘中搅动来夹取符合自己口味的菜；不要当众整理仪容仪表，若有必要，应当去化妆间或者洗手间；交谈时尽量选择愉快的话题，口中有食物时应当避免说话，在他人咀嚼食物时，则避免交谈。

用餐结束后，宾客应当等主人用餐结束后再离席。离席时，应当向主人表示感谢，并将座椅归回原位。

9.3.5 饮酒礼仪

不管是中餐宴会还是西餐宴会，饮酒文化在各个宴会中都是不可缺少的。尽管酒的种类很多，但是有关饮酒的基本礼仪还是需要我们共同遵守的。

1．斟酒

如果在家设宴款待客人，主人为了表示对来宾的尊重、友好，会亲自向客人斟酒。在斟酒时需要注意以下几点。

1）在向客人斟酒前，要注意酒具的清洁，不要使用破旧或者有污渍的酒杯。如果有外宾，还要提前了解各国不同的饮酒习惯。

2）白酒与啤酒均可斟满，洋酒可倒至杯的 1/3 处。根据个人口味的不同，洋酒可放些冰块配合饮用口味会更佳。

3）斟酒可按照职位高者先、职位低者后或者年长者先、年少者后的顺序进行，也可以从自己所坐之处按照顺时针方向进行。

4）当别人斟酒时，可行“叩指礼”，即以右手拇指、食指、中指捏在一起，指尖向下，轻叩几下桌面，表示感谢主人斟酒；或者说声“谢谢”，也非常恰当。

5）当主人亲自为客人斟酒时，必须要端起酒杯致谢；必要时，还需要起身站立或欠身点头致意。

2．敬酒

敬酒也称祝酒，是指在正式宴会上主人向来宾提议，以某个事项来敬酒。当主人祝酒致辞时，应停止一切活动，认真聆听，不可做无关的小动作。主人前来碰杯或相互碰杯时，应目视对方，面带微笑，点头致意。在饮酒时，通常要讲一些祝福、祝愿的话。人多时，可同时举杯共祝，不必一一碰杯。

一般来说，敬酒者应该把杯中的酒喝光，以表达自己的诚意。如果对方酒量不错，可以提议干杯。如果对方酒量尚浅，则不必勉强对方喝完，可以说“我干了，你随意”。

3．拒酒

在宴请过程中，不会喝酒或者不打算喝酒的人，可以婉言谢绝他人的劝酒，必要时可以说明自己不能饮酒的客观原因，或者主动以其他饮料代酒。

当主人或者朋友向自己热情敬酒时，不要东躲西藏，更不要把酒杯倒过来放或者偷偷把酒倒掉，更不能把自己已经喝过的酒倒入别人的杯子中。

9.4 西餐宴会礼仪

在宴会礼仪中，除了中餐宴请，还包括西餐宴请。为照顾外国客人的口味，在国内有时也会用西餐来招待客人。因此，我们必须规范地学习西餐礼仪知识。

9.4.1 安排次序

西餐桌多为长桌，多桌宴请时桌次的排列与中餐大体相同。座次排列与中餐区别较大。

1．座次原则

（1）女士优先

在西式宴会中，女主人是宴会中真正的主人。排定座次时，主位为女主人就座，按右为尊的原则，其右手边为男主宾。

（2）交叉排列

西餐座次排列时，男女交叉排位，用餐者的两边多为异性。

（3）以右为尊

西餐排位依然遵循以右为尊、面门为上和距离定位的原则，依次安排客人座位。

2．座次排列

西餐的餐桌有两种排位方法。一种是男女主人在长桌的中央相对而坐，如图 9-8 所示；一种是男女分别坐在长桌的两端，如图 9-9 所示。

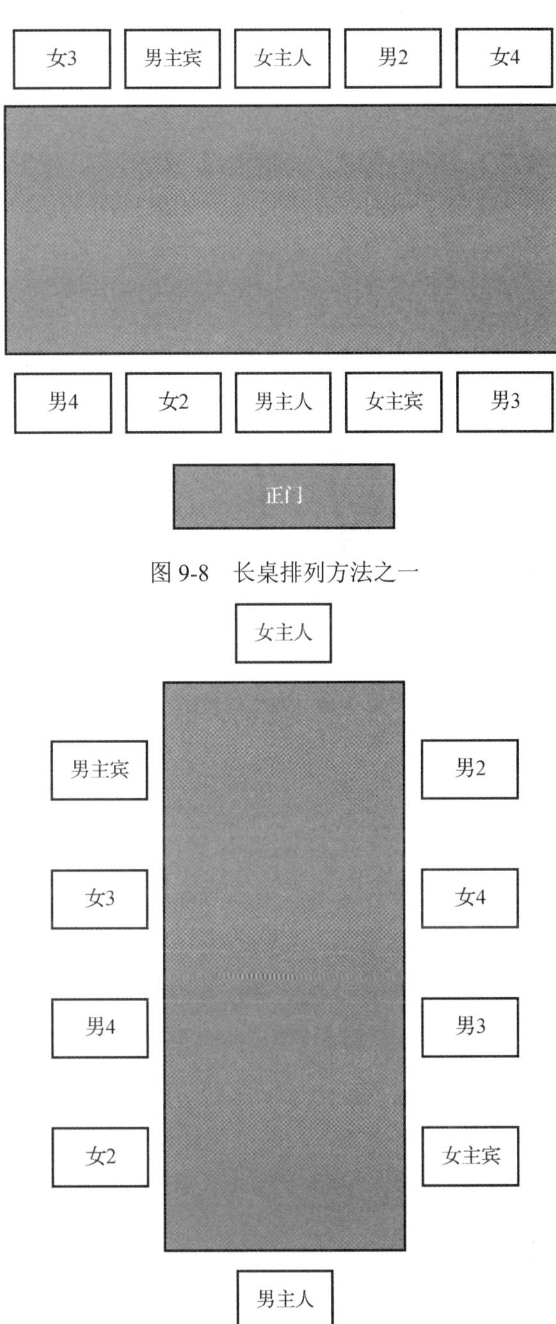

图 9-8　长桌排列方法之一

图 9-9　长桌排列方法二

9.4.2　餐巾与餐具的使用

1．餐巾使用

当女主人拿起餐巾时，表明用餐开始。用餐者可以拿起餐巾，铺在双腿上；餐巾很大时，用餐者可以折叠起来使用。可以用餐巾的一角擦去嘴上或手上的油渍，但不能用来擦刀叉或碗碟。如果席间起身，餐巾应放在座椅上或搭放在椅背上，表示暂时离开，还会回来继续用餐。如果放在桌上，则表示用餐完毕。

2．餐具使用

西餐的餐具主要为刀叉。吃西餐时，一道菜用一副刀叉，按刀叉摆放的顺序从外往里依次取用。使用时，一般右手用刀，左手持叉。如果只用叉子，也可用右手拿。切肉要避免刀切在瓷盘上发出响声。吃面条，可以用叉子卷起来吃，不要挑着吃。中途放下刀叉，应将刀叉呈八字形分开放在盘子上。一道菜享用完毕时，须将刀叉并拢一起放在盘子里（图 9-10）。

图 9-10　刀叉的使用

9.4.3　用餐礼仪

1．开始用餐

当全体客人面前都上了菜，要等女主人示意后才开始用餐。每道菜上来时，要经女主人让菜，才开始进餐。在女主人拿起勺子或叉子以前，客人不要自行用餐。

2．姿势端正

用餐时，身体要坐正，不要前俯后仰，也不要把两臂横放在桌上，以免妨碍两边的客人用餐。进食时，可以略向前靠，应用叉子或勺子取用食物，细嚼慢咽。不要把碗碟端起来吃；吃饭、喝汤时不要发出响声；咀嚼应当闭嘴，不能发出声响，否则就是失礼的行为，会被看作没有教养的表现。咀嚼食物时不要说话，即使有人同你讲话，也要等咽下食物后再回答。

3．饭菜取用

正式宴请时，每位宾客面前均放有一份菜单。来宾可以根据自己的食量，决定进食的多少。从礼仪上讲，每道菜上来时宾客都不可拒绝，如果确实不喜欢某道菜，尽量少取且食盘里不要剩菜；否则，会被视为不礼貌。

招待会上自取食品时，要文明谦让，轮流去取。不要一次取食过多，盘子放得太满，既不雅观，食用也不方便，可分次取食。

4．食物享用

享用面包时应用手去拿，取黄油应使用奶油刀。每次掰一小块面包，吃一块涂一块黄油，不要整片涂抹。西餐中，通常是在烹调制作时把鱼刺和骨头剔干净才上桌，如果遇到仍带刺的鱼，可用刀将刺轻轻拨出。如果鱼刺或骨头已经入口，要用叉接住，或以餐巾掩口用手取出，或轻轻地吐在叉上放在盘内。吃剩的菜，用过的刀叉、牙签都应放在盘内，勿放在桌上。吃水果时，不要整个咬着吃，要削皮后切成小块，用叉取食。

5．进食禁忌

如果有东西塞了牙非取出不可，应用餐巾将嘴遮住，最好等别人不注意时再取出。

6．纪念物品

有时主人会为每位客人备一朵鲜花或一件小纪念品。有的客人愿意将菜单留做纪念，有的会请主人在菜单上签名。赴宴时，根据与主人的关系，客人可将随身带的小礼品赠送给主人。

7．离席告退

客人应等女主人从座位上站起后，一起随着离席。离席时，男宾应帮助女宾把座椅放归原处。餐巾放置在桌上即可。宴会结束后，可视情况与主人和其他来宾再聚谈一会儿，然后相继告辞。

一般来说，主宾应在用完点心后，到客厅交谈，20～40 分钟后告辞。一般客人不要先于主宾告辞，否则对主人和主宾均不礼貌。

8．表示感谢

在出席私人宴请活动后，可以致函或送名片表示感谢，也可打电话致谢。

9.5 酒水礼仪

“无酒不成席”。在各种各样的宴请活动中，酒水是必不可少的佐餐和助兴的饮品，在各种聚会中发挥着重要作用。酒水的使用已形成了一整套约定俗成的做法。

9.5.1 中餐酒水搭配

酒水的种类繁多，数不胜数。要发挥酒水开胃助兴的作用，就必须懂得酒水搭配之道。

通常，正式中餐宴会上使用白酒和葡萄酒。根据传统饮食习惯，葡萄酒多半选择甜红葡萄酒。在搭配菜肴方面，中餐所选的酒水讲究不多，可根据用餐者的喜好任意选择。

白酒是用谷物等粮食或某些果品发酵、蒸馏制成的，没有任何颜色，酒精含量比较高。著名的品牌有茅台、五粮液等。白酒饮用时，使用专用的瓷杯或玻璃杯盛酒。喝酒时，讲究“酒满敬人”。

正规的中餐宴会中，一般不使用啤酒。在便餐、非正式宴请中，啤酒使用较多。啤

酒是用大麦和啤酒花为主要原料发酵制成的酒类，酒精含量较低，一般在 4°左右。知名的啤酒品牌有德国的贝克、荷兰的喜力、丹麦的嘉士伯、美国的百威、中国的青岛等。啤酒饮用时，使用倒三角形或带把的啤酒杯。

9.5.2 西餐酒水搭配

在正式的西餐宴会中，酒水占有重要角色，其必须与菜肴相搭配。一般吃西餐时，每道菜肴都要配不同的酒水，吃一道菜便要换上一种新的酒水。西餐宴会中所用的酒水，可以分为餐前酒、佐餐酒、餐后酒三种。

（1）餐前酒

餐前酒又称开胃酒，是在正式用餐前饮用，或在吃开胃菜时搭配的酒水。通常，在餐前喜欢饮用的酒水有鸡尾酒、味美思酒和香槟酒。

1）鸡尾酒，是现代社交活动中经常使用的酒水，是一种混合型的酒。它主要以一种蒸馏酒为酒基，再配以果汁、汽水、矿泉水、利口酒等辅助酒水，另加水果、奶油、冰激凌、果冻、布丁及其他装饰材料配制而成的色、香、味、形俱佳的艺术酒。口味有浓有淡，酒精的含量有多有少，但都有一个共同特点，即层次分明、色彩明艳、闪烁不定，好似雄鸡之尾，故被称为鸡尾酒。国际知名的鸡尾酒有马提尼、曼哈顿、红粉佳人、血腥玛丽、亚历山大、天使之吻等。饮用鸡尾酒时，应使用高脚广口的玻璃杯。

2）味美思酒，是意大利文“Vermouth”的音译，意思是苦艾酒。它是以葡萄酒为酒基，用一种苦艾叶作为基础香料的葡萄酒。这种酒的代表风味是甜味中略带点苦，味道芳香迷人，口味醇厚、柔和爽适。苦艾酒的酒精含量多为 10%～20%。储存时间不宜过久，是餐前的主要开胃酒。生产味美思酒最有名的国家为意大利和法国。在饮用味美思酒时，习惯上要加冰块或杜松子酒。

3）香槟酒，是法国举世闻名的特产之一，是西方喜庆宴会中最上等的饮料。它是一种以特种工艺制成的、富含二氧化碳、起泡沫的白葡萄酒。因其以法国香槟地区所产最为有名，故有此称。酒精含量在 10°左右，口感清凉、酸涩，且有水果香味。香槟酒开瓶时，可稍加摇晃，然后起去瓶塞。届时，会连泡带酒一同奔涌而出，平添了欢快的气氛。饮用香槟酒时，须用郁金香形的高脚玻璃杯，并用手捏住杯脚。

（2）佐餐酒

佐餐酒又称餐酒。西餐中的佐餐酒均为葡萄酒，而且大多数是干葡萄酒或半干葡萄酒。佐餐酒讲究“白酒配白肉，红酒配红肉”。白肉指鱼肉、海鲜、鸡肉，吃这些肉类时须以白葡萄酒搭配；红肉，即牛肉、羊肉、猪肉，吃这些肉类时则应配以红葡萄酒。

1）葡萄酒，是以葡萄为主要原料，经过发酵酿制而成的一种酒类。根据其色彩的不同，葡萄酒有白葡萄酒、红葡萄酒、桃红葡萄酒之分。根据其糖分含量的不同，葡萄酒又可分为干、半干、微干、微甜、半甜、甜等几种。这里的干，即基本不含糖分。葡萄酒的酒精含量在 12°左右。世界上最有名气的葡萄酒产地是法国的波尔多地区。

2）白葡萄酒，宜在 7℃左右饮用，应当加冰块。红葡萄酒则在 18℃左右饮用最佳，故不宜加冰块。喝葡萄酒时，要用专门的高脚玻璃杯。根据饮用葡萄酒的不同所握酒杯的部位也不同，喝白葡萄酒时，要捏着杯脚；喝红葡萄酒时，则要握住杯身。

3）桃红葡萄酒，又称玫瑰红葡萄酒，其色泽柔美，口味、喝法与白葡萄酒略同。

（3）餐后酒

餐后酒是在用餐后，用来助消化的酒水。最常见的餐后酒是利口酒、白兰地酒。

1）利口酒，又称甜酒，是一种以食用酒精和其他蒸馏酒为主酒，配以各种调香材料，并经过甜化处理的含酒精饮品。根据利口酒按配制时所用调香材料的不同，可以分为果实利口酒、药草利口酒和种子利口酒三种。

2）白兰地酒，是洋酒中最为名贵的酒，一度与威士忌酒和茅台酒被并称为“世界三大名酒”。它是一种烈酒，由葡萄干发酵后蒸馏精制而成，酒精含量约为 40°，色泽金黄，香甜醇美。世界知名的白兰地酒品牌有马爹利、轩尼诗、人头马、拿破仑等。在法国白兰地酒中，以干邑白兰地最为知名。饮用白兰地酒时，最佳饮用温度为8～12℃，应使用专用的大肚、收口、矮脚杯。先观其色，并以手掌为其加温，后闻其味，再慢慢小口品味。

9.5.3 敬酒礼仪

正式宴请中，酒水饮用应按程序进行，以免失礼。

敬酒，又称祝酒。在敬酒时，通常要讲一些祝福、祝愿的话。在正式宴会上，由男主人向来宾提议，为了某种事由而饮酒、干杯。

提议干杯时，应起身站立，右手端起酒杯或用右手拿起酒杯后，再以左手托扶其杯底，面含笑意，目视自己的祝福对象，口颂祝福之词，如祝对方身体健康、生活幸福、节日快乐、工作顺利、事业成功及双方合作成功等。

敬酒可以随时在饮酒的过程中进行，频频举杯祝酒，会使现场氛围热烈而欢快。不过，致正式的祝酒词时，应在特定的时间进行，并以不影响来宾用餐为首要考虑。

酒水饮用，要量力而行，同时讲究善待他人、关心他人。具体而言，应体现在以下两个方面。

（1）装杯定量

根据宴请的形式和酒类的不同，斟酒也要注意定量要求。中餐宴会饮酒讲究“酒满敬人”；西餐宴会则忌满杯，以“七分满”为限。

（2）饮用适当

宴请时要注意适当控制，切莫贪杯，甚至饮酒误事。对他人应祝酒而不劝酒，更不要强灌他人喝酒，这是非常失礼的行为。

知识拓展

红葡萄酒：放在稍微低于室温的环境中（12～21℃），口感更佳。

白葡萄酒：置于7～14℃的环境中，口感会非常好。

品质一般的葡萄酒处于较低温度下，香气难以散发出来，而超过21℃的温度会使酒精蒸发，带出葡萄酒的酒精味。

（资料来源：默颜，2015．简单七招，让你不再为侍酒烦恼[EB/OL].（2015-05-25）[2020-07-20]. https://www.winesou.com/baike/basics/104753.html?bsh_bid=644783818．）

课后练习

1．在进行拜访前都需要做哪些准备？
2．在接待客人时该做哪些准备？
3．作为主人，你应该如何迎送客人？
4．中餐宴请客人时应如何安排座次？
5．西餐如何摆台？

本章小结

本章系统地介绍了社交礼仪，包括拜访礼仪、中西餐宴会礼仪、酒水礼仪等。社交礼仪包括的内容非常丰富，不仅涉及生活中的衣、食、住、用、行等方面，更涉及各种生活、工作场景中的礼仪。通过社交礼仪知识的学习，能培养、提高大学生的人际交往能力，帮助学生建立良好的人际关系。

第 10 章

涉外医务礼仪

学习目标

1．了解涉外礼仪内涵。
2．熟悉涉外医务礼仪原则。
3．掌握涉外医务工作的注意事项。

涉外医务人员，主要是指外资、国际医院的医务工作者及普通医院涉外医疗部、涉外诊室的医务工作者。

涉外医务人员通常是既能掌握现代临床医学知识和技能，又熟练掌握公共英语、医学英语及涉外交往知识，具有一定的医学、人文社会科学、自然科学基础理论和知识的高素质国际型医务人员。

涉外医疗工作面对的是与自己文化背景不同的服务对象，只有对服务对象的疾病状况、健康需求、宗教信仰和生活行为习惯等了解之后，才能提供完美的医疗服务。这就要求涉外医务人员了解多元文化与沟通技能，缩小医务人员与服务对象之间的文化差异，体现医疗服务的人文性。

10.1　涉外礼仪内涵

涉外礼仪，是指人们在国际交往中，用以维护自身和本国形象，向交往对方表示尊敬和友好的国际通用的行为规范，反映了一个国家的文明、文化程度和社会道德风尚。

10.1.1 涉外礼仪的本质

涉外礼仪的本质是维护尊严、表达尊重。因此，凡是在国际交往中做到维护国家的主权、体现国家的尊严，同时向交往对象表达尊重以示友好的行为和规范，都符合涉外礼仪的本质要求。

10.1.2 涉外礼仪的功能

1）有助于提高个人修养和国家形象，感受人格、国格的尊严，增强自我尊严感。

2）可以沟通各国人民之间的感情，促进友谊，避免隔阂，减少误会。

3）有利于加强文化交流，促进世界文明。

10.2 涉外医务礼仪原则

10.2.1 尊重为先

1）尊重对方。在涉外交往中，双方应互相尊重对方国家的领土完整、主权和尊严，尊重对方国家的法律、法规和风俗习惯等。医务人员不应以患者所属国家的大小、经济实力的强弱、社会制度不同而区别对待。

2）尊重自己。在涉外医疗工作中，医务人员必须时时刻刻注意维护自身形象，因为每一名中国人在外国人面前的一言一行、一举一动，实际上都代表着中国的形象。涉外医务人员在外籍患者面前表现应热情周到、不卑不亢；着装整洁大方、仪态从容优雅。

3）尊重外籍患者的选择权。通常外籍患者很注意自我知情权和选择权，只要患者还有意识和判断能力，就必须告诉其本人真实的病情，并提供治疗方案，请患者自主选择。

4）尊重外籍患者特有的习俗。各国人在言谈举止、待人接物等各个方面都有特有的讲究与禁忌。为了减少麻烦，避免误会，最为可行的做法是要对国际上通行的礼仪惯例，认真地加以遵守；要对患者所在国的礼仪习俗有所了解，表示充分的尊重。

知识拓展

女士优先

女士优先是目前国际社会所公认的一条重要的礼仪通则，它主要适用于成年异性进行社交活动之时。女士优先的含义是，在一切社交场合，成年男子有义务主动而自觉地以自己的实际行动去尊重妇女、照顾妇女、体谅妇女、关心妇女、保护妇女；而且要想方设法地为妇女排忧解难。

但是女士优先的具体做法，并不是放之四海而皆准的。在现实中，它主要适用于社交场合。但在公务场合，人们通常强调男女平等，或者是忽略性别差异，因而是不太讲究女士优先的。

（资料来源：徐湘江，2006．领导礼仪[M]．长春：吉林文史出版社．）

10.2.2 保护隐私

1）涉外医务人员应自觉尊重每一位患者的个人隐私。除非是工作需要，否则不应该询问患者收入、恋爱婚姻、信仰等涉及隐私的问题。

2）在对外籍患者进行查体或临床、护理操作之前，应先征得患者同意，并注意避开他人。

3）涉外医务人员应有保守病情信息秘密的职业素养，患者的病情不向无关人员提起。

4）外籍人员隐私意识较强，医务人员进入病房前应先敲门，等患者允许后方可进入，以免造成不便。若无人应声，可再次敲门，但敲门声音大小应适当。

10.2.3 热情有度

1）谦虚有度。西方人在承认个人能力、自我评价等方面勇敢大方、非常自信。这和中国人主张自谦，甚至自贬的风格是不同的。当外籍患者赞美涉外医务人员时，我方人员不妨落落大方应声“谢谢！”肯定自己的工作成绩，也是对自己工作的一种尊重，同时可以让人感到对工作充满自信。

2）关心有度。在国外，人们大多强调个性独立，自强自爱，反对他人对自己过分关心。因此，涉外医务人员切不可生硬地套用中国人所习惯的关心、规劝的手段去对待外国患者。有些外国患者不但不会领情，还会认为医务人员多管闲事。即使是出于善意的建议，医务人员也应委婉表达。

3）距离有度。外国人十分看重个人空间，与外籍患者交流时，应避免相距过近，使对方有被侵犯之感；也防止相距过远，会有冷落对方之嫌。在进行操作的时候，医务人员与患者的距离应保持在15～50厘米，而在解释病情时应保持在50～80厘米，声音略低，以免无关人员听见。

涉外人员在学习外国人长处、尊重外国的风俗习惯的同时，应坚决反对崇洋媚外的思想，要以自尊、自爱、自信和自重为基础，表现得乐观坦然、豁达大方。既不可妄自菲薄，也不应当高傲自大、盛气凌人。

10.2.4 真诚守诺

1）在与外籍患者交往过程中，不管是医务人员主动提出建议，还是答应患者的要求，都应该先深思熟虑，谨慎承诺。一旦许下承诺，应该尽量完成，才能够得到患者的尊重。如果因不可抗力致使不能遵守承诺，应该尽早告知对方，如实解释，向对方致歉，必要时应给予补偿。

2）许多外国人注重真实地表达情感与意愿，因此，医务人员应该本着友善大方、直率坦诚的原则，开诚布公地把真实的情况、实际的想法告诉对方，才能达到有效交流的目的。

10.3　涉外医务工作注意事项

10.3.1　国际通用称谓及介绍顺序

（1）国际通用称谓

在涉外交往中，称谓的运用与对待交往对象的态度直接相关，对此千万不要大意。涉外医务人员称呼外籍患者时，应当选用的称谓，主要有以下几种。

1）泛尊称：适用于任何场合，主要包括“先生”“小姐”“夫人”“女士”。应当强调的是，如果对方是一位女士，若一时难以判断婚否，则可称之为“女士”。许多时候，泛尊称可以与姓氏组合在一起使用。例如，“格林小姐”“史密斯先生”等。

2）一般性称呼：适用于普通场合，即直接称呼他人的名字。在涉外医务工作中，为了加强与患者的亲切感，医务人员可以直呼患者的名字，尤其是面对平辈或晚辈的时候，如“皮特”“玛丽”等。

（2）介绍顺序

在涉外交往中，当交往双方互不认识时，显然有必要通过介绍使彼此认识。涉外医务工作中的介绍可分为以下两种类型。

1）自我介绍：涉外医务人员接到外籍患者住院的通知时，应先了解患者的基本情况，如姓名、性别、年龄、国籍、健康状况等。

患者入院时，责任护士应在病区门口迎接，见到患者及其家属后作自我介绍。此时的介绍应为公务型自我介绍，通常包括姓名、所属工作部门、具体职务、所分管的工作等。介绍完毕后，护送患者进入病房，为即将开始的医疗活动创造良好的开端。

2）介绍他人：在给他人介绍时，同样要遵循介绍的顺序。先介绍主人，后介绍客人；先介绍职务低者，后介绍职务高者；先介绍男士，后介绍女士；先介绍晚辈，后介绍长辈；先介绍个人，后介绍集体。总之，是要让交往双方地位较高者拥有“优先知情权”。

患者入院时，当责任护士将患者送入病区后，要充当介绍人，为患者和其他相关医务人员作介绍。应先介绍主人一方，即医院的医务人员，如科室主任、主管医生、护士长等；然后介绍患者一方。要注意，在具体介绍各方人员时，应按照其职务高低和年龄长幼依次而行。

10.3.2　对待外籍患者的注意事项

1）使用非语言交流技巧。外语不熟练是涉外医疗工作中交流困难的首要问题，医务人员的外语水平直接影响就诊指南、病情沟通、治疗方案、护理方案等一系列问题。涉外医务人员除了要勤学苦练外语外，也可以通过非语言交流来消除语言障碍。例如，运用肢体语言（手势、姿势和眼神等），对维持交流、指导患者配合某项操作很有帮助；对行动有障碍的患者，有礼貌的帮扶可以使患者感到医务人员对他的关怀；微笑，可以使患者有亲切感。

2）注意异国饮食需求。不同国家、不同年龄患者对食物的需求各不相同，东西方饮食文化存在明显的差异。西方人注意食物的新鲜程度，认为生冷食物可促进健康，而东方人则认为这可能成为致病因素。某些有特定宗教信仰者对食物有严格的选择性，对外籍患者特殊的饮食需求，应予以理解和充分尊重。

3）缓解外籍患者的心理失衡。因文化差异、语言不通及就医环境陌生等因素，外籍患者在就诊时可能存在焦虑、恐惧和不信任等情况。为了缓解患者的心理失衡，病房的布置应家庭化，开设国际直拨电话，摆放鲜花等；医务人员对房间的安排应作灵活的处理，日本人、韩国人忌讳数字 4，欧美人忌讳数字 13，在其房间号码的安排上应尽量避免出现这些数字。

4）平等对待外籍小患者。在中国传统观念中，家长、成年人是很有威严的。在西方国家，则强调人格的平等。在涉外医疗工作中，与外籍小患者交流时，医务人员应该蹲下来，平视小患者，让小患者感觉到医护人员对他的重视和愿意与他交流的态度；在进行临床操作时，要适当向小患者说明并征得他同意；对小患者有表示亲近的举动，如摸摸头发、脸蛋之类的动作，也应事先获得本人的同意，如患者年龄很小，则要得到其监护人的同意。

案例分析

一名美国籍患者来到涉外住院部。你作为负责这位外籍患者的医务人员，在见到患者时，该如何互相介绍？请运用所学的涉外礼仪知识来完成这一接待工作。

课后练习

涉外医务礼仪的原则是什么？

本章小结

本章主要介绍了涉外礼仪的内涵、原则及涉外交往的注意事项和涉外医务工作要点。涉外医疗工作面对的是与自己文化背景不同的服务对象，只有对服务对象的疾病状况、健康需求、宗教信仰和生活行为习惯等了解之后，才能提供更好的医疗服务。这就要求涉外医务人员了解多元文化与沟通技能，缩小医务人员与服务对象之间的文化差异，体现医疗服务的人文性。

参考文献

陈光谊，2012．现代实用社交礼仪[M]．2 版．北京：清华大学出版社．

高燕，2008．护理礼仪与人际沟通[M]．2 版．北京：高等教育出版社．

黄建萍，2007．临床护理礼仪[M]．北京：人民军医出版社

金正昆，2010．涉外礼仪教程[M]．3 版．北京：中国人民大学出版社．

金正昆，2013．社交礼仪教程[M]．4 版．北京：中国人民大学出版社．

梁洁，王岚，2012．现代社交礼仪[M]．北京：科学出版社．

林玉琼，梁利苹，黄碧雁，2014．社交礼仪[M]．镇江：江苏大学出版社．

刘桂瑛，2004．护理礼仪[M]．2 版．北京：人民卫生出版社．

刘宏彬，2008．新编应用文写作教程[M]．北京：新华出版社．

刘宇，2006．护理礼仪[M]．北京：人民卫生出版社．

单伟颖，2008．医护礼仪[M]．郑州：郑州大学出版社．

位汶军，秦军，2009．医学生礼仪与形体训练[M]．济南：山东人民出版社．

武洪明，许湘岳，2011．职业沟通教程[M]．北京：人民出版社．

许湘岳，蒋璟萍，费秋萍，2012．礼仪训练教程[M]．北京：人民出版社．

阳旭，姜献生，2009．高职学生职业道德与礼仪实训教程[M]．北京：科学出版社．

曾萍萍，2013．护理礼仪与人际沟通[M]．北京：人民卫生出版社．

周颂华，2014．现代大学生社交礼仪[M]．北京：人民卫生出版社．